Schöningh
westermann

EinFach
Deutsch

Friedrich Schiller

Kabale und Liebe

...verstehen

Erarbeitet von
Matthias Ehm

Herausgegeben von
Johannes Diekhans
Michael Völkl

Bildnachweis

|Cinetext Bild & Textarchiv GmbH, Wetzlar: 38. |Declair, Arno, Berlin: 18, 22, 44. |Hoppe, Sebastian, Basel: 40, 77. |Picture-Alliance GmbH, Frankfurt a.M.: 32; akg-images 59. |Schaefer, A.T., Stuttgart: 30. |Schomburg, Kerstin, Hamburg: 53. |ullstein bild, Berlin: 62; Archiv Gerstenberg 61; Granger Collection 13.

Druck A^{11} / Jahr 2024
Alle Drucke der Serie A sind im Unterricht parallel verwendbar.

Umschlaggestaltung: Nora Krull, Hamburg
Umschlagbild: Foto: Arno Declair (Theateraufführung von „Kabale und Liebe"; Schaubühne Berlin, 2008)
Druck und Bindung: Westermann Druck Zwickau GmbH,
Crimmitschauer Straße 43, 08058 Zwickau

ISBN 978-3-14-**022531**-1

Inhaltsverzeichnis

An die Leserin und den Leser

Liebe Leserin, lieber Leser,

an unglücklichen Liebespaaren herrscht in der Literaturgeschichte kein Mangel: Allgemein bekannt sind Romeo und Julia, die Kinder zweier verfeindeter Patrizierfamilien aus Verona. Da diese gegen ihre Heirat sind, lassen sie sich heimlich trauen. Nach einer Reihe von tragischen Verwicklungen begehen beide nacheinander Selbstmord. Das Konzept des Dramas „Kabale und Liebe" von Friedrich Schiller klingt auf den ersten Blick recht ähnlich, bei genauerem Hinsehen stellt man jedoch einige Unterschiede fest:

Das Stück spielt nicht in einer italienischen Republik zur Zeit der Renaissance, sondern in einem deutschen Fürstentum in der zweiten Hälfte des 18. Jahrhunderts und macht die in Deutschland herrschenden politischen und sozialen Zustände zu seinem Thema. Da die Hofgesellschaft des Herzogtums Württemberg sich zu Recht den Spiegel vorgehalten fühlte, wurde das Stück in Schillers Heimat mit Missfallen aufgenommen. Der Autor prangerte in seinem Stück auf schonungslose Art und Weise die Missstände an den Fürstenhöfen, den Despotismus[1] und die Unfreiheit der Untertanen an, was zur Deutung des Dramas als „Dolchstoß ins Herz des Absolutismus" (Erich Auerbach) führte. Die „Kammerdienerszene", in der Schiller seine Zeitkritik am eindrucksvollsten formulierte, durfte zu Lebzeiten des Autors nur selten gespielt werden – dies war ein klares Zeichen der Machtstellung der Herrschenden.

Anders als beim Drama „Romeo und Julia" verhindert nicht eine private Fehde zweier im Prinzip gleichberechtigter Adelsgeschlechter den Erfolg der Liebe, sondern der Standesgegensatz zwischen Bürgertum und Adel belastet die

---

[1] Despotismus: Gewalt-/Willkürherrschaft

Beziehung. Damit wird die damalige Gesellschaftsordnung mitverantwortlich für das Scheitern der Beziehung gemacht.

Zwar sind heute die Adelsprivilegien längst abgeschafft und die ständische Ordnung wurde von einer offenen und durchlässigen Gesellschaft abgelöst. Dennoch gelten in Teilbereichen der Gesellschaft immer noch Wertvorstellungen, die Liebesbeziehungen zwischen verschiedenen Gruppen erschweren, man denke nur an Beziehungen zwischen Migranten und Deutschen. Es gibt weitere Gründe für die andauernde Aktualität des Dramas „Kabale und Liebe". Dass gerade junge Menschen sich mit Ferdinand und Luise bis zu einem gewissen Punkt identifizieren können, liegt daran, dass beide mit ihrer Liebe aufbegehren gegen die Erwartungshaltungen, Zukunftspläne und Wünsche der Erwachsenen und sich gegen eine zu starke Lenkung durch die Väter wehren. Der deutlich werdende Generationskonflikt ist überzeitlich. Noch allgemeiner kann man davon sprechen, dass das Drama den grundsätzlichen Konflikt zwischen individuellem Glück und Selbstverwirklichung einerseits und den herrschenden Konventionen andererseits illustriert.

Ein weiteres überzeitliches Element des Stücks ist die Thematisierung der Gefährdung der Liebe durch die Liebenden, denn die Liebe scheitert nicht nur an der Intrige („Kabale"). Wie beim Stück „Romeo und Julia" denken zwar sowohl Ferdinand als auch Luise an Selbstmord, aber am Ende ermordet Ferdinand seine Luise, weil sein Konzept von der absoluten Liebe gescheitert ist. Sein Beispiel zeigt uns, wie problematisch es ist, einen anderen Menschen voll und ganz besitzen zu wollen und alle anderen Bindungen mit Misstrauen zu betrachten. Zudem erkennen wir, wie blind Liebe machen kann, wie jemand zum Sklaven seiner Leidenschaft wird und wie diese Leidenschaft in Zerstörungswut umschlagen kann.

Absolutismuskritik, Aufbegehren gegen die Welt der Väter und die Gefahren der absoluten Liebe sind drei große Themen in Schillers Drama. Damit knüpft er an die Theorien der Aufklärung und des Sturm und Drang an, beleuchtet aber auch scharfsinnig deren Schattenseiten, vor allem die Problematik von Ferdinands Grenzenlosigkeit. Abgesehen von allen philosophischen Erwägungen ist „Kabale und Liebe" außerdem ein Stück mit überzeugender, mitreißender äußerer Handlung und realistischen Milieubeobachtungen. Wie eine „geölte Maschine" läuft die Handlung ab und lässt am Ende keinen der Beteiligten ungeschoren. Alle Figuren haben eine eigene Sprache, die zu ihren jeweiligen Lebensumständen passt und sie unverwechselbar macht, auch wenn einiges für heutige Ohren nicht mehr ganz einfach zu verstehen ist.

Der vorliegende Band aus der Reihe „EinFach Deutsch – … verstehen" möchte Ihnen helfen, die wesentlichen Inhalte des Dramas zu erschließen und die wichtigsten Charakteristika der auftretenden Figuren kennenzulernen. Auf dieser Grundlage werden Ihnen wesentliche Zugänge zur Interpretation des Dramentextes aufgezeigt. Ergänzend und vertiefend werden die biografischen, zeitgeschichtlichen und kunsttheoretischen Hintergründe auf anschauliche und kompakte Weise vermittelt. Damit Sie sich gezielt auf Prüfungen vorbereiten können, werden textanalytische Verfahren sowie die Charakterisierung von literarischen Figuren als Aufgabenformen erarbeitet. In der Prüfungsphase können Sie die wichtigsten Aspekte des Dramas „Kabale und Liebe" mithilfe von übersichtlichen und einprägsamen Schaubildern wiederholen.

Viel Freude beim Lesen, Nachdenken und Verstehen wünscht

Matthias Ehm

Der Inhalt im Überblick

Das Drama spielt am Ende des 18. Jahrhunderts in einer süddeutschen Residenzstadt[1]. Der schwärmerische junge Adelige Ferdinand von Walter und die tugendhafte Bürgertochter Luise Miller haben sich ineinander verliebt, obwohl sie unterschiedlichen Ständen angehören.

Doch ihre Liebe stößt von mehreren Seiten auf Widerstand. Da ist zum einen Luises patriarchalischer Vater, ein einfacher Musikant, der seine Tochter zwar aufrichtig liebt, aber der Beziehung dennoch seine Zustimmung verweigert. Er glaubt nicht, dass Ferdinand seine Tochter ernsthaft heiraten will, und fürchtet daher um den Ruf seiner Familie. Zum anderen will auch Ferdinands ebenso ehrgeiziger wie skrupelloser Vater, Präsident von Walter, der am Hof eine sehr bedeutende Stellung einnimmt, die Beziehung der beiden beenden. Nach seinem Willen soll sein Sohn Lady Milford, die Mätresse[2] des Fürsten, heiraten, um so den Einfluss seiner Familie bei Hofe zu sichern. Zusammen mit seinem Sekretär Wurm, einem Aufsteiger aus dem Bürgertum, der Luise zur Frau gewinnen will, möchte er die beiden auseinandertreiben.

Ein erster Versuch des Präsidenten, die Liebenden zu trennen, erweist sich als Fehlschlag. Daraufhin entwickelt der Menschenkenner Wurm eine Intrige („Kabale"): Auf Luise soll Druck ausgeübt werden, damit sie einen falschen Liebesbrief an eine dritte Person schreibt, mit dem Ferdinand eifersüchtig gemacht werden soll. Außerdem soll sie einen Eid ablegen, darüber zu schweigen. Der Plan gelingt, weil es zeitgleich einen Bruch im Verhältnis von Luise und Ferdinand gibt: Während Ferdinand nur noch für seine Liebe lebt, fühlt sich Luise auch an die bürgerlichen Wertvorstel-

---

[1] Residenzstadt: Sitz eines Herrschers, Hauptstadt
[2] Mätresse: abwertend für Geliebte

lungen ihres Elternhauses gebunden. Sie zweifelt an der Beziehung, lehnt es ab, mit Ferdinand zu fliehen, und vertröstet sich auf ein gemeinsames Leben im Jenseits. Ferdinands schwärmerische Liebe schlägt daraufhin um in Hass- und Rachegefühle. Er vergiftet sich und Luise, die ihn im Sterben über die Kabale aufklärt und ihm und seinem Vater vergibt. Bevor er selbst stirbt, verzeiht auch Ferdinand seinem Vater, der sich in die Hände der weltlichen Gerichtsbarkeit begibt.

Die Personenkonstellation

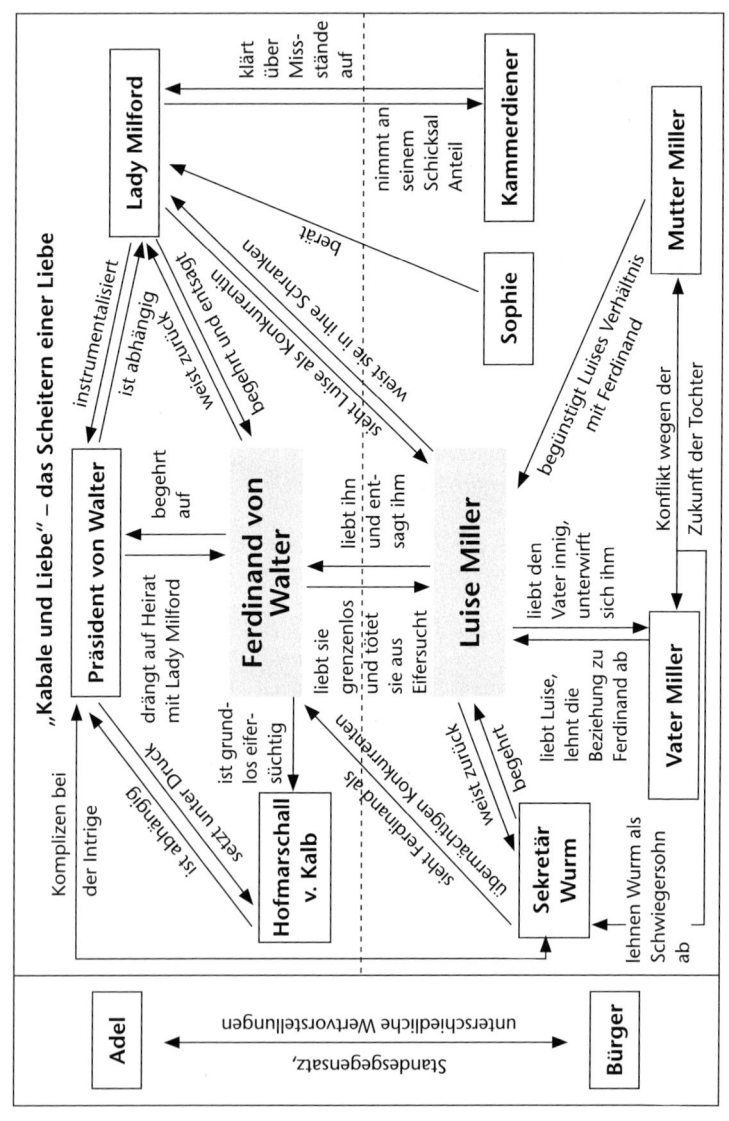

„Kabale und Liebe" – das Scheitern einer Liebe

Lady Milford — klärt über Missstände auf — Kammerdiener

Kammerdiener — nimmt an seinem Schicksal Anteil — Lady Milford

Sophie — berät — Lady Milford

Mutter Miller — begünstigt Luises Verhältnis mit Ferdinand

Mutter Miller — Konflikt wegen der Zukunft der Tochter — Vater Miller

Lady Milford — instrumentalisiert — Präsident von Walter

Präsident von Walter — ist abhängig — Lady Milford

Lady Milford — begehrt und entsagt — Ferdinand von Walter

Lady Milford — weist sie in ihre Schranken / sieht Luise als Konkurrentin — Luise Miller

Ferdinand von Walter — weist zurück — Lady Milford

Präsident von Walter — begehrt auf — Ferdinand von Walter

Präsident von Walter — drängt auf Heirat mit Lady Milford — Ferdinand von Walter

Ferdinand von Walter — liebt ihn und entsagt ihm — Luise Miller

Ferdinand von Walter — liebt sie grenzenlos und tötet sie aus Eifersucht — Luise Miller

Luise Miller — liebt den Vater innig, unterwirft sich ihm — Vater Miller

Mutter Miller — Konflikt wegen der Zukunft der Tochter — Vater Miller

Präsident von Walter — Komplizen bei der Intrige — Hofmarschall v. Kalb

Hofmarschall v. Kalb — ist abhängig / setzt unter Druck — Präsident von Walter

Ferdinand von Walter — ist grundlos eifersüchtig — Hofmarschall v. Kalb

Hofmarschall v. Kalb — sieht Ferdinand als übermächtigen Konkurrenten — Ferdinand von Walter

Luise Miller — weist zurück / begehrt — Sekretär Wurm

Vater Miller — liebt Luise, lehnt die Beziehung zu Ferdinand ab — Sekretär Wurm

Vater Miller — lehnen Wurm als Schwiegersohn ab — Sekretär Wurm

Adel ←→ Bürger

unterschiedliche Wertvorstellungen

Standesgegensatz,

Inhalt, Aufbau und erste Deutungsansätze

Erster Akt, Erste Szene, Zimmer beim Musikus

Das Drama nimmt in der bürgerlichen Sphäre seinen Anfang. Luises Eltern, der Musiklehrer Miller und seine Frau, sitzen in ihrer Stube und führen ein Streitgespräch über das Liebesverhältnis ihrer Tochter Luise mit dem jungen Adeligen Ferdinand von Walter, dem Sohn des Präsidenten, eines einflussreichen Beamten am Hof des Fürsten. Um die aus seiner Sicht gefährliche Beziehung zu beenden, möchte Miller Ferdinand Hausverbot erteilen. Er sorgt sich nicht nur um den Ruf seiner Tochter, sondern auch um sein eigenes Ansehen. Insbesondere fürchtet er sich vor der Macht des Präsidenten, weil dieser ihn als Kuppler verfolgen könnte. Da eine Heirat wegen der Standesschranken ausgeschlossen sei, bestehe die Gefahr, dass die Tochter sich auf eine sittenwidrige außereheliche Beziehung einlasse. Im schlimmsten Falle könne Ferdinand die reizvolle Luise schwängern und sitzen lassen, wie Miller mit derben und drastischen Worten darlegt: „[E]r wird sie […] beschwatzen, dem Mädel eins hinsetzen und führt sich ab, und das Mädel ist verschimpfiert auf ihr Leben lang" (S. 8, Z. 10–13)[1].

Seine Frau hält dagegen, dass Ferdinand Liebesbriefe an Luise schreibt („Da sieht man's ja sonnenklar, wie es ihm pur um ihre schöne Seele zu tun ist.", S. 9, Z. 3f.) und ihr Bücher schenkt (vgl. S. 9, Z. 13–15). Doch für Miller sind diese Briefe nur Mittel zur Verführung seiner tugendhaften Tochter (vgl. S. 9, Z. 5–12). Von den Romanen glaubt er, dass sie seiner Tochter mit schwärmerischen Ideen wie der Überwindung gesellschaftlicher Schranken durch Liebe

Die Ausgangssituation des Dramas

---

[1] Sämtliche Stellenangaben beziehen sich auf die im Literaturverzeichnis aufgeführte Textausgabe des Schöningh Verlags.

den Kopf verdrehen. Er befürchtet, dass Luise sich von ihrer Familie entfremdet und sich ihrer bürgerlichen Herkunft schämt (vgl. S. 9, Z. 16–S. 10, Z. 10).

Auf die Entgegnung der Millerin, dass die Familie infolge des Verhältnisses schon „manchen schönen Groschen" (S. 10, Z. 11) zum Geschenk erhalten habe, gerät der Musikus erst recht in Rage. Ihr beider Seelenheil und der gute Ruf der Tochter seien wichtiger als materieller Wohlstand (vgl. S. 10, Z. 15–25). Deswegen beschließt er, den Präsidenten aufzusuchen, dem er das Verhältnis aufdecken will, damit dieser, „wenn er ein rechtschaffener Vater ist" (S. 11, Z. 5), seinem Sohn den nicht standesgemäßen Umgang mit Luise verbietet.

Funktion der Szene

Obwohl die beiden Protagonisten in der ersten Szene noch nicht auftreten, werden bereits wesentliche Aspekte der Dramenhandlung deutlich. Im Mittelpunkt steht die unstandesgemäße Liebe von Ferdinand und Luise. Die Reaktionen der Eltern Luises sind gespalten: Während die Mutter davon geschmeichelt ist und sich einen gesellschaftlichen Aufstieg erhofft, will Miller aufgrund seiner christlichen und bürgerlichen Moralvorstellungen ein Ende des Verhältnisses herbeiführen. Mit der Wahl der Figuren und des Schauplatzes rückt Schiller gleich zu Beginn die bürgerliche Sphäre und deren Werte ins Zentrum der Dramenhandlung. Repräsentiert werden diese vor allem durch den bürgerstolzen Musikus, der durch seine derbe, unverstellte und emotionale Ausdrucksweise auch sprachlich vom Adel abgegrenzt wird.

Erster Akt, Zweite Szene, Zimmer beim Musikus

Sekretär Wurm erfährt von den Plänen der Millerin

Das Personentableau wird ergänzt um den Bürgerlichen Wurm, der als Sekretär des Präsidenten tätig ist und hofft, Luise zur Frau zu gewinnen. Doch Luises Mutter ist geblendet von der Aussicht auf gesellschaftlichen Aufstieg durch Luises Beziehung mit Ferdinand. Daher gibt sie Wurm zu verstehen, dass er ihrer Meinung nach als Schwiegersohn nicht infrage kommt (vgl. S. 12, Z. 29–31).

Mit derben Worten fordert Miller seine überhebliche Frau auf zu schweigen und versichert dem verärgerten Sekretär, dass er die hochfliegenden Heiratspläne seiner Frau nicht unterstützt. Damit beruhigt er Wurm, der Miller mit Argumenten überzeugen will, die sich in den bürgerlichen Wertehorizont einfügen: Er könne Luise ein Leben in materiell gesicherten Verhältnissen bieten und habe zudem einen Beruf mit Aufstiegschancen. Obwohl er die Ernsthaftigkeit seiner Absichten betont, wird deutlich, dass es Wurm nicht primär um eine Liebesheirat geht. Vielmehr scheint er eine Ehe als einen zwischen Brautvater und Bräutigam zu schließenden Vertrag zu sehen (vgl. S. 13, Z. 15–23). Dies missfällt Miller, der seine Tochter zu nichts zwingen will. Er deutet an, dass er Wurm nicht als Schwiegersohn haben möchte (vgl. S. 13, Z. 26–32). Auch die Mutter verstärkt ihre ablehnende Haltung, indem sie behauptet, ihre Tochter sei „zu was Hohem gemünzt" (S. 14, Z. 10). Daraufhin bittet der Sekretär Miller darum, sich bei Luise für ihn einzusetzen, was Miller erbost zurückweist. Ein Liebhaber, der die Hilfe des Vaters benötige, sei ein Feigling und damit kein geeigneter Kandidat für seine Tochter (vgl. S. 14, Z. 18–33).

Nach Wurms Abgang stellt Miller seine Frau wegen ihrer allzu freimütigen Äußerungen dem hinterhältigen Wurm gegen-

Wurm wird von Miller zurückgewiesen

Miller bedroht seine Frau.
(Kupferstich von 1786)

über zur Rede. Zu Recht befürchtet der Musikus, dass Wurm diese Information nicht für sich behalten wird, sodass Ferdinands Vater und der Fürstenhof davon erfahren (vgl. S. 15, Z. 25 – S. 16, Z. 5).

Funktion der Szene Deutlich wird, dass die Liebe zwischen Ferdinand und Luise nicht nur wegen der Standesunterschiede problematisch ist. Zusätzliches Bedrohungspotenzial erwächst den Liebenden in der Person des zurückgewiesenen Verehrers und Emporkömmlings Wurm, der Zugang zum Präsidenten von Walter hat.

Erster Akt, Dritte Szene, beim Musikus

Luises innerer Konflikt und Entsagung Erstmals tritt die Protagonistin Luise auf, bezeichnenderweise mit einem Buch in ihrer Hand. Ihr innerer Konflikt zwischen der leidenschaftlichen Liebe zu Ferdinand und ihren christlichen Moralvorstellungen wird gleich zu Anfang deutlich, wenn sie sagt: „[D]er Himmel und Ferdinand reißen an meiner blutenden Seele" (S. 16, Z. 17f.). Im Versuch, beides zu vereinbaren, behauptet sie, dass sich in ihrer Liebe das Wirken Gottes offenbare, worauf der Vater ablehnend reagiert. Auffällig ist, dass bei Luise schon an dieser Stelle das Motiv des Sterbens anklingt (z.B. vgl. S. 17, Z. 8–10). Unterbrochen wird der Monolog der Tochter durch kurze Einwände Millers, der sich als zärtlich liebender Vater erweist, aber letztlich doch der Verbindung seine Zustimmung verweigert.

Luise entsagt Ferdinand „für dieses Leben" (S. 18, Z. 7) und vertröstet sich auf das Leben nach dem Tode, wenn es keine Standesunterschiede mehr gibt und „Menschen nur Menschen sind" (S. 18, Z. 10). Ihren christlichen Vorstellungen zufolge wäre sie aufgrund ihrer Tugendhaftigkeit im Diesseits im Jenseits eine gleichwertige Partnerin für den adeligen Major.

In dieser Szene wird Luise als leidenschaftlich liebende, Funktion
der Szene aber auch innerlich zerrissene Person vorgestellt, die von ihrem schlechten Gewissen gequält wird. Sie ist geprägt von den auf dem christlichen Glauben fußenden bürgerlichen Wertvorstellungen. Diese sind ihr von ihrem Vater vermittelt worden, zu dem sie ein inniges Verhältnis hat. Im Gegensatz zum derben Musikus ist ihre Sprache gewandt und poetisch, was sicher auch ein Ergebnis der Lektüre der Bücher ist, die ihr Ferdinand geschenkt hat („Dieser karge Tautropfe Zeit – schon ein Traum von Ferdinand trinkt ihn wollüstig auf.", S. 18, Z. 5–7).

Luises Zwiespalt

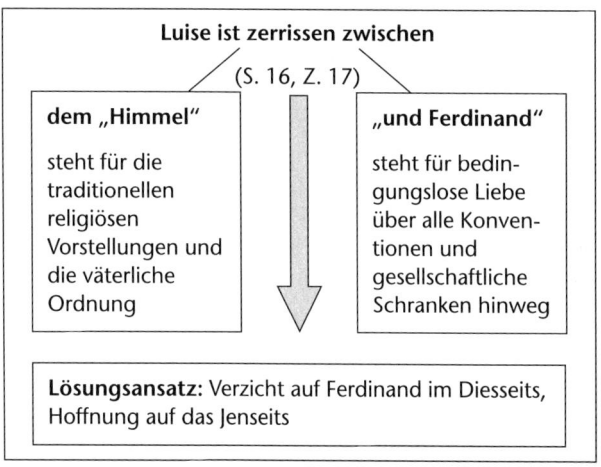

Luise ist zerrissen zwischen
(S. 16, Z. 17)

dem „Himmel"	„und Ferdinand"
steht für die traditionellen religiösen Vorstellungen und die väterliche Ordnung	steht für bedingungslose Liebe über alle Konventionen und gesellschaftliche Schranken hinweg

Lösungsansatz: Verzicht auf Ferdinand im Diesseits, Hoffnung auf das Jenseits

Erster Akt, Vierte Szene, beim Musikus

Schon bei Ferdinands erstem Auftritt zeigt sich, dass er voll Ferdinand betritt
die Szene Tatendrang steckt. Er fliegt auf seine Angebetete zu (vgl. S. 18, Z. 2, Szenenüberschrift), um sich ihrer Liebe zu versichern. Dabei wird zum einen sein schwärmerischer Charakter deutlich, der ihn von seiner zweifelnden Geliebten unterscheidet (vgl. S. 19, Z. 22–25), zum anderen sein unbeschränkter Besitzanspruch: „Du bist meine Luise! Wer sagt dir, dass du noch etwas sein solltest?" (S. 19, Z. 18 f.) Auf Luises Angst vor einer von Ferdinands Vater gewollten Trennung reagiert er voller Leidenschaft, indem er seine Liebe verabsolutiert. Erkennbar wird, dass Liebe für ihn sogar ein Religionsersatz ist (vgl. S. 20, Z. 6 – 10, Z. 26 – 29). Der Major gibt sich selbstbewusst und überschreitet dabei die Grenze zur Selbstüberschätzung, indem er sich zum Herrn über Luises Schicksal aufwirft (vgl. S. 20, Z. 21 – 25).

Luises Reaktion Die Liebesschwüre des jungen Adeligen steigern Luises Zerrissenheit. Zwar weist sie ihn zunächst körperlich von sich und verlässt schließlich den Raum, aber nicht ohne vorher zu gestehen, dass Ferdinands Liebe ihr den Seelenfrieden raubt: „Du hast den Feuerbrand in mein junges friedsames Herz geworfen, und er wird nimmer, nimmer gelöscht werden." (S. 21, Z. 4 – 6)

Funktion der Szene: Ferdinand als Figur des Sturm und Drang Seine zur Schau gestellte Tatkraft und seine Emotionalität, sein überbordendes Selbstbewusstsein sowie sein fehlendes Akzeptieren von Grenzen machen Ferdinand zu einem typischen Vertreter des Sturm und Drang. Aber auch die von Schiller im Folgenden ausgestaltete Problematik dieser Haltung deutet sich bereits an: Ferdinands Pathos[1] wirkt übertrieben, wenn er auf Luises Zweifel mit überschwenglichen Liebesschwüren reagiert. Die Vergöttlichung seiner Liebe zu Luise zeigt, wie sich Ferdinand über traditionelle religiöse Vorstellungen hinwegsetzt. Seine Ich-Bezogenheit macht ihn zudem anfällig für Selbsttäuschung. Im weiteren Handlungsverlauf zeigt sich, dass er trotz seiner gegenteiligen Behauptungen (vgl. S. 19, Z. 8 – 10) Luises Seelenlage zu wenig versteht.

---

[1] Pathos: Leidenschaftlichkeit, Überschwang, Feierlichkeit; wird oft abwertend gebraucht

So erleben Luise und Ferdinand ihre Liebe

Luise	Ferdinand
„Wenn meine Freude über sein Meisterstück [gemeint ist Ferdinand] mich ihn selbst übersehen macht, Vater, muss das Gott nicht ergötzen?" (S. 16, Z. 21–23)	„Du [gemeint ist Luise] brauchst keinen Engel mehr" (S. 20, Z. 22).
„Er [gemeint ist Miller] wird nicht wissen, dass Ferdinand mein ist, mir geschaffen, mir zur Freude vom Vater der Liebenden." (S. 17, Z. 20–22)	„schöner, als er dich [gemeint ist Luise] von sich ließ, soll der Himmel dich wiederhaben und mit Verwunderung eingestehn, dass nur die Liebe die letzte Hand an die Seel legte" (S. 20, Z. 27–29).
Liebe ist für Ferdinand und – zumindest anfangs – auch für Luise eine Ersatzreligion!	

Erster Akt, Fünfte Szene, Saal beim Präsidenten

Erstmals wechselt der Handlungsort zum repräsentativen „*Saal beim Präsidenten*" (S. 21, Z. 1, Szenenüberschrift). Dass Ferdinands Vater mit Orden angetan auftritt, verdeutlicht seine Machtposition. Von Miller, der zweiten Vaterfigur im Drama, unterscheidet er sich nicht nur äußerlich, auch ihre Wertvorstellungen sind entgegengesetzt. Dies zeigt sich gleich zu Beginn, als Wurm – wie von Miller befürchtet – den Präsidenten über die Ernsthaftigkeit von Ferdinands Liebe zu Luise aufklärt. Zum einen bezeichnet der Präsident Luise abwertend und voller Standesdünkel als „Bürgerkanaille" (S. 21, Z. 9), mit der keine ernsthafte Verbindung einzugehen ist. Zum anderen gewinnt er dem illegitimen Liebesverhältnis sogar positive Seiten ab: Er freut sich, dass sein Sohn in Bezug auf Frauen einen guten „*Geschmack*" (S. 22, Z. 4 f.) hat und beim weiblichen Geschlecht ankommt. Da er selbst nicht nach moralischen Grundsätzen handelt, kann er zunächst gar nicht anders,

Der Präsident als Machtmensch

als zu glauben, dass Ferdinand seine Gefühle Luise gegenüber nur heuchelt. Dass sein Sohn anscheinend lügen kann, begrüßt er, denn dies sieht er als Voraussetzung für eine Karriere am Hofe. Anders als von Wurm erhofft,

Wurm beim Präsidenten (Deutsches Theater Berlin 2010)

sieht der Präsident das Verhältnis also als vorteilhaft für die Position seiner Familie an. Gut gelaunt verkündet er, dass er sich sogar über einen illegitimen Enkel freuen und dafür gerne Alimente zahlen würde. Damit erweist er sich schon bei seinem ersten Auftritt als gefühlskalter und skrupelloser Zyniker, dem Macht über alles geht. Mit sicherem Gespür für menschliche Schwäche durchschaut er, dass die Eifersucht auf Ferdinand ein Motiv für Wurms Mitteilung ist (vgl. S. 22, Z. 19f.).

Die Intrige am Fürstenhof

Präsident von Walter versucht, Wurm zu beruhigen, indem er ihn in eine Hofintrige einweiht, die seine Position am Fürstenhof sichern soll. Da der Fürst sich neu vermählen will, soll seine Geliebte Lady Milford zum Schein ebenfalls verheiratet werden. Ziel des Präsidenten ist es, seinen Sohn zu deren Ehemann zu machen, damit er über die Mätresse seinen Einfluss beim Fürsten wahren kann (vgl. S. 23, Z. 10–22). Auf Wurms Bericht hin beschließt er, Ferdinand noch am gleichen Tag mit seinem Plan zu konfrontieren. Die Reaktion seines Sohnes werde Wurms Verdacht entweder bestätigen oder widerlegen. Doch der Sekretär gibt sich überzeugt, dass Ferdinand aufgrund des schlechten Rufs Lady Milfords ablehnend reagieren wird, und fordert eine härtere Bewährungsprobe: Um Ferdinand wirklich zu provozieren, solle der Präsident ihm „die untadeligste Partie im Land" (S. 24, Z. 10 f.) zur Heirat vorschlagen. Wurms Beharrlichkeit lässt den Adeligen schließlich erkennen, dass sein Sohn ernsthaft in Luise verliebt ist. So beschließen beide eine Intrige zu beiderseitigem Nutzen: Wurm soll den Adeligen dabei unterstützen, die unstandesgemäße Verbindung zu zerstören, während dieser dem hinterlistigen Sekretär hilft, Luise zur Frau zu bekommen (vgl. S. 24, Z. 21 – 24).

Erstmals findet der Wechsel zwischen der kleinen Welt der Bürger und der großen Welt des Adels statt, der den Aufbau des Dramas strukturiert. Der Zuschauer erhält einen ersten Eindruck vom Leben bei Hofe, das von Machtkämpfen und Intrigen geprägt ist. Beziehungen werden dort nicht nach Zuneigung geknüpft, sondern nach ihrem Nutzen. So ist der Präsident sogar bereit, seinen Sohn gegen dessen Willen für die eigenen Karrierepläne einzuspannen. Bei aller Gegensätzlichkeit der Wertvorstellungen der beiden Väter scheinen sie jedoch eines gemeinsam zu haben: Beide sind starke Vaterfiguren, die erheblichen Einfluss auf die Zukunft ihrer Kinder nehmen möchten. Schließlich zeigt das Handeln Wurms, dass eine allzu schablonenhafte Gegenüberstellung von tugendhaften Bürgern und amoralischen Adeligen nicht angemessen ist. Der ehrgeizige Sekretär hat die Verhaltensmuster am Hofe durchschaut und übernommen. Sein Bericht setzt als erregendes Moment[1] die eigentliche Dramenhandlung erst in Gang.

Funktion der Szene

---

[1] erregendes Moment: Die dramentheoretischen Fachbegriffe werden im Kapitel „Hintergründe" (S. 71 ff.) näher erläutert.

Die Reaktionen der Väter auf das Liebesverhältnis

Miller

- sieht keine Zukunftsperspektive für das Paar,
- ist besorgt um Luises Ruf und um den der Familie,
- misstraut Ferdinands Absichten,
- fürchtet, dass sich Luise von der Familie entfremdet,
- befürchtet Konflikte, die er nicht beeinflussen kann,

Präsident von Walter

- akzeptiert ein nicht eheliches Verhältnis mit der bürgerlichen Luise,
- ist stolz auf Ferdinands Erfolg bei den Frauen,
- würde für einen unehelichen Enkel sogar bezahlen,
- erwartet von Ferdinand keine Keuschheit,

Luise und Ferdinand

haben die Väter gegen sich

lehnt die Verbindung ab, weil sie nicht mit den bürgerlichen Wertvorstellungen vereinbar ist.

lehnt aber die Verbindung ab, weil sie seine Heiratspläne für Ferdinand stört, mit denen er seine Macht erhalten will.

Erster Akt, Sechste Szene, beim Präsidenten

Der Hofmarschall als lächerliche Gestalt

Schon bevor er sein erstes Wort gesprochen hat, wird der Hofmarschall von Kalb, der den Tagesablauf des Fürsten zu organisieren hat, durch sein äußeres Erscheinungsbild als lächerliche Figur gezeichnet (vgl. S. 25, Z. 1–6, Szenenüberschrift). Verstärkt wird dieser Eindruck durch die vielen exaltiert[1] vorgebrachten Begründungen, die er für sein spätes Erscheinen liefert. Mit diesen will er eigentlich seine eigene Wichtigkeit bei Hofe demonstrieren. Der Präsident

---

[1] exaltiert: übertrieben aufgeregt

kommentiert dies ebenso spöttisch wie die folgende über-
triebene Darstellung eines an sich banalen Missgeschicks
des Hofmarschalls.

Mit sicherem Instinkt erkennt der Präsident, wie er den ge-
schwätzigen Beamten für seinen Plan instrumentalisieren
kann. Er weiht diesen in seinen Plan ein, Ferdinand mit der
Milford zu verheiraten, und bittet von Kalb, Lady Milford
davon zu informieren. Darüber hinaus soll dieser den Plan
„in der ganzen Residenz bekannt machen" (S. 26, Z. 29),
um seinen Sohn unter Druck zu setzen. Damit lässt sich die
Intrige nicht mehr aufhalten.

Funktion der Szene: der Präsident setzt die Intrige in Gang

Erster Akt, Siebte Szene, beim Präsidenten

Nachdem Ferdinand die Szene betreten hat, redet sein Vater ihm zunächst ins Gewissen, um die Durchführung seines Planes vorzubereiten. Dabei beklagt er sich darüber,
dass sein Sohn ihn und seine adeligen Kreise meidet, und
warnt Ferdinand davor, in Schwermut zu versinken. Er versucht, seinen Sohn dadurch zur Kooperation zu zwingen,
dass er diesen zum Mitwisser seiner eigenen Verbrechen
macht. Denn der Präsident hat seinen Vorgänger ermordet, um an dessen Amt zu gelangen. Angeblich habe er
dies nur um der Karriere seines Sohnes willen getan und
dabei „de[n] Fluch, de[n] Donner des Richters" (S. 28,
Z. 22f.) auf sich genommen, weswegen er an Gewissens-
qualen leide.

Der Präsident als Verbrecher

Ferdinand verurteilt unter Anrufung Gottes die Verbrechen
des Vaters als frevelhaft und weigert sich, dieses Erbe anzunehmen. Entschieden grenzt er sich von den Wertvorstellungen seines Vaters und der höfischen Welt ab, die zu
„Neid, Furcht, Verwünschung" (S. 29, Z. 12f.) führten.
Glück definiert er nicht als das Erreichen äußerlicher Erfolge, sondern als Erlangen innerer Zufriedenheit: „In
meinem *Herzen* liegen alle meine Wünsche begraben."
(S. 29, Z. 19f.)

Ferdinand – der Idealist

Die Heirats-
wünsche
des Vaters

Der Präsident legt die eingangs geheuchelte väterliche Besorgnis ab und erteilt seinem Sohn die Order, Lady Milford unverzüglich zu heiraten (vgl. S. 29, Z. 30–33). In der folgenden Auseinandersetzung, während der Ferdinand wiederholt seine Ablehnung des Vorschlags zum Ausdruck bringt, werden unterschiedliche Auf-

Ferdinand bei seinem Vater
(Deutsches Theater Berlin 2010)

fassungen von Ehre deutlich: Der Vater betrachtet es zum einen als ehrenrührig, dass sein Sohn ihm widerspricht, was seinen Machtwillen unterstreicht, zum anderen sieht er es als Auszeichnung an, wenn sein Sohn und der Fürst sich eine Frau teilen würden. Dagegen orientiert sich Ferdinands Ehrbegriff erkennbar an bürgerlichen Tugendvorstellungen. So lehnt er die Heirat mit einer Mätresse ab, weil er sich ansonsten noch vor dem „schlechtesten Handwerker" (S. 30, Z. 25 f.) schämen müsse.

Ganz nach Plan schlägt ihm der Vater daraufhin vor, sich mit der Gräfin von Ostheim zu verloben, deren Ruf offensichtlich untadelig ist, was Ferdinand aber, wie von Wurm erwartet, ebenfalls ablehnt (vgl. S. 31, Z. 25–30). Damit läuft er in die Falle des Vaters, der ihm zudem andeutet, von seiner Beziehung zu Luise zu wissen, was Ferdinand verlegen macht. Voller Selbstgewissheit erneuert der Vater daraufhin seine Anweisung, Lady Milford aufzuwarten, und geht (vgl. S. 32, Z. 8–17). Ferdinand fasst den Entschluss, die Mätresse zwar aufzusuchen, ihr aber dabei ihren lasterhaften Lebenswandel vorzuhalten und ihr seine Hand zu verweigern (vgl. S. 32, Z. 19–25).

In der siebten Szene wird das Charakterbild des Präsidenten um weitere, erschreckende Facetten ergänzt. Analog zum Dialog zwischen Luise und dem Miller (1. Akt, 3. Szene) kommt es auch in der adeligen Familie zu einer Auseinandersetzung zwischen beiden Generationen aufgrund des Liebesverhältnisses. Damit hat im ersten Akt nicht nur der Konflikt wegen der unstandesgemäßen Liebe an Kontur gewonnen, sondern auch die Kabale hat ihren Anfang genommen. Mit einer Ausnahme sind alle wichtigen Figuren aufgetreten, wobei ihre wichtigsten Werthaltungen und Antriebskräfte sowie ihre gegenseitigen Beziehungen deutlich geworden sind. Lady Milford, die einzige verbleibende Hauptfigur ohne Auftritt, ist als Gesprächsthema in der dritten und fünften Szene schon in die Handlung des Stücks integriert worden und von verschiedenen anderen Personen charakterisiert worden. Somit ist die Exposition des Dramas zum Ende des ersten Aktes abgeschlossen; mit der Anweisung des Präsidenten beginnt der Anstieg der Handlung.

Funktion der Szene

Der erste Akt als Exposition

Zweiter Akt, Erste Szene, ein Saal im Palais der Lady Milford

Das erste Auftreten Lady Milfords erfüllt die Erwartungen der Zuschauer nur teilweise. Zwar handelt es sich um eine attraktive Dame, die sich ihrer Reize bewusst ist, in einem Palais residiert, über Diener gebietet und sich mit Musik, Gesellschaften und Glücksspiel die Zeit vertreibt. Andererseits fällt gleich zu Beginn des Auftritts die sorgenvolle Unruhe auf (vgl. S. 33, Z. 8 f.), mit der sie Ferdinand erwartet.

Die Mätresse als Verächterin des höfischen Lebens

Die von ihrer Kammerzofe Sophie vorgeschlagenen Zerstreuungen können sie nicht beruhigen, da sie die ganze Gesellschaft am Hofe wegen ihrer Unterwürfigkeit verachtet: „Kann ich eine Freude dran finden, sie was zu fragen, wenn ich voraus weiß, was sie mir antworten werden?" (S. 34, Z. 3–5) Im Weiteren schüttet sie der verblüfften Dienerin ihr Herz aus, indem sie diese Verachtung ausdrücklich auch auf den Fürsten bezieht. Der könne ihr zwar jeden materiellen Wunsch erfüllen, schaffe es aber nicht, Gefühle zu entwickeln, deren Intensität ihrer würdig sei. Sie gesteht ein, dass sie dem Fürsten ihre „Ehre verkauft" (S. 35, Z. 4 f.) hat, und erklärt dies mit ihrem Ehrgeiz, die erste Dame am Hofe zu sein (vgl. S. 35, Z. 10–12). Überraschend ist jedoch ihre im Folgenden geäußerte Sehnsucht, ihre Machtstellung aufzugeben und sich dem herrschenden Rollenverständnis gemäß einem Mann, den sie liebt, unterzuordnen. Dafür sei sie bereit, ihre privilegierte Stellung bei Hofe aufzugeben.

Hofkabale oder Liebe

Ihre heftige Leidenschaft bringt die Mätresse dazu, sich ihrer Dienerin vorbehaltlos anzuvertrauen und Sophie ihre Liebe zu Ferdinand Walter zu gestehen. Deutlich wird, dass Fürst, Präsident und Hofmarschall sich im Glauben, eine Hofkabale in Gang zu setzen, von der Mätresse instrumentalisieren ließen. Ziel der Lady ist es, die Intriganten dadurch zu überlisten, dass sie mit Ferdinand nach der Hochzeit außer Landes flieht (vgl. S. 36, Z. 14–23).

Funktion der Szene: Steigerung von Leidenschaften und Verwicklungen

Zu Beginn des zweiten Aktes bekommt der Konflikt eine neue Dimension: Nicht nur Ferdinand hat einen Nebenbuhler, sondern auch Luise hat eine Nebenbuhlerin, denn ihr Geliebter wird von der einflussreichen Mätresse Milford begehrt. Anders als erwartet ist diese keine Schachfigur im Spiel der Mächtigen, sondern eine autonome, zu leidenschaftlicher Liebe fähige Persönlichkeit, die des Lebens am Hofe überdrüssig ist, die höfischen Ränkespiele durchschaut und sie sich in ihrem Sinne nutzbar machen will.

Lady Milfords Zerrissenheit zwischen äußerem Schein und eigentlichem Sein

Nach außen wirkt Lady Milford	Aber eigentlich
• von Ehrgeiz getrieben,	• handelt sie aus Liebe zu Ferdinand,
• selbstbewusst,	• ist sie unsicher, was Ferdinand von ihr hält und für sie fühlt,
• wie der Mittelpunkt der Hofgesellschaft,	• hat sie für die höfischen Vergnügungen nur Verachtung übrig,
• als liebe sie die Prachtentfaltung,	• verspürt sie in ihrem Inneren eine gewaltige Leere,
• wie zum Herrschen geboren.	• will sie sich ihrem Geliebten unterordnen.

Zweiter Akt, Zweite Szene, bei Lady Milford

Zu Beginn der Szene betritt ein alter Kammerdiener den Saal, um Lady Milford im Namen des Herzogs ein Schmuckkästchen voll wertvoller Brillanten als Hochzeitsgeschenk zu übergeben. Angesichts des Wertes der Edelsteine erschrocken fragt Lady Milford nach deren Preis. Der Diener klärt sie daraufhin darüber auf, dass dem Herzog dafür im Grunde keine Kosten entstanden sind, weil er am vorigen Tag 7000 junge Männer als Soldaten verkauft hat,[1] damit diese im amerikanischen Unabhängigkeitskrieg für die Briten kämpfen. Darunter befinden sich auch Söhne des Kammerdieners, was dessen emotionales – zwischen Trauer und Bitterkeit, unterdrückter Wut und Sarkasmus schwankendes – Auftreten während des Dialogs erklärt (vgl. S. 36, Z, 8 f.; S. 37, Z. 10 – 12). Dies bleibt nicht ohne

Ein teuer erkauftes Hochzeitsgeschenk

---

[1] Der historische Kontext wird im Kapitel „Hintergründe" (S. 56 ff.) näher erläutert.

Wirkung auf die Lady. Als Zeichen der Teilnahme fasst sie sogar nach der Hand des Dieners. Auf weitere Nachfragen hin schildert ihr der Alte, mit welch brutalen Mitteln die Burschen zur angeblich freiwilligen Teilnahme an dem Feldzug gezwungen worden sind und wie grausam die Truppen des Herzogs die Scheidenden von ihren zurückbleibenden Familienmitgliedern trennten. Für den Diener stellt der Soldatenhandel einen klaren Verstoß gegen die göttliche Ordnung dar.

Lady Milford erkennt ihre Selbsttäuschung

Angesichts der drastischen Schilderung des zeittypischen Soldatenhandels durch den Kammerdiener wird Lady Milford klar, dass sie einer Illusion aufgesessen ist und ihren mäßigenden Einfluss auf den Herzog und die Regierung überschätzt hat: *„Mich* beredete man, ich habe sie alle getrocknet, die Tränen des Landes" (S. 38, Z. 12f.). Sie versucht daraufhin, die Initiative zu ergreifen, indem sie dem Diener ihre Geldbörse schenkt, was dieser aber voller Verachtung ablehnt. Nach seinem Abgang fasst Lady Milford den Entschluss, für die Rückkehr seiner Söhne zu sorgen. Die Edelsteine möchte sie zu Geld machen und zu sozialen Zwecken einsetzen, weil ihr Gewissen es nicht zulässt, diese Juwelen zu tragen. Damit erhält der Schmuck im Szenenverlauf zunehmend stärkeren Symbolcharakter. Er verweist auf die Verschwendungssucht des Adels und die damit zusammenhängende Unterdrückung und Ausbeutung der Untertanen. Als Ferdinands Ankunft gemeldet wird, verliert Lady Milford ihre Sicherheit erneut: So wird sie blass, beginnt zu stottern und erteilt widersprüchliche Anordnungen (vgl. S. 39, Z. 21–26).

Funktionen der „Kammerdienerszene"

Die Szene erfüllt mehrere Funktionen. In dramaturgischer Hinsicht wird das Eintreten des Majors, von dem in der ersten Szene schon die Rede war, verzögert. Das gibt Schiller zudem die Gelegenheit, den Charakter der Mätresse noch differenzierter zu gestalten. Dass sie keine kühle Intrigantin ist, sondern eigentlich ihrem Herzen folgen möchte, hat schon die erste Szene des 2. Aktes gezeigt. Jetzt wird deutlich, dass die Lady mitfühlend beziehungsweise empathiefähig ist und ihr eigenes Handeln und das Handeln anderer moralisch bewertet. Dabei überwindet sie Standesgrenzen. Sie passt also nicht zu dem Bild, das sich der Major von ihr macht. Wichtig ist die Szene auch wegen ihrer drastischen Kritik an den zu dieser Zeit herrschenden Zuständen an den absolutistischen Höfen, wo der Adel seinen Vergnügungen auf Kosten des Bürgertums nachging. Schiller macht den wegen seiner Offenheit mutigen und unbestechlichen Kammerdiener zum Sprachrohr dieser Kritik und unterläuft damit die Ständeklausel: Auch ein einfacher Diener verfügt über genügend Fallhöhe, damit das Publikum von seinem Schicksal gerührt sein kann.

Zweiter Akt, Dritte Szene, bei Lady Milford

Ferdinand geht zu Beginn der Begegnung auf Konfrontationskurs, indem er unterstreicht, nur auf Anweisung seines Vaters zu kommen. Er macht der Mätresse klar, dass es ihm seine Ehre und sein Herz verbieten, mit ihr eine Verbindung einzugehen. Den Einwurf der Lady, dass er seinen Degen – das heißt seine Ehre als Offizier – dem Fürsten verdankt, weist Ferdinand zurück. Er unterscheidet zwischen dem Fürsten als Person und dem Staat, dem er als Offizier dient, und stellt seine Herkunft aus sehr altem Adel heraus. Mit seinem Herzen sei er außerdem nur Gott Rechenschaft schuldig. Damit betont er seine Unabhängigkeit vom Hof. Im nächsten Abschnitt des Dialogs übt Ferdinand direkte Kritik an der Mätresse, die sich trotz ihrer Schönheit und ihres Geistes einem Fürsten hingibt, der in ihr nur die Bettgespielin sieht. Eine solche Frau solle sich schämen, einem anderen Mann (d.h. ihm) ihre Gefühle zu gestehen. Für den freiheitsliebenden Ferdinand ist es unverständlich, dass sie als Britin – „frei geborene Tochter des freiesten Volks unter dem Himmel" (S. 41, Z. 28 f.) – dazu fähig ist. Die

Ferdinand kritisiert die Mätresse

Möglichkeit, ihre Position als Mätresse zu wohltätigen Zwecken einzusetzen, hat sie nach Meinung des hitzigen Majors nicht genutzt.

Die Selbstoffen-barung der Mätresse

Im Folgenden übernimmt Lady Milford die Gesprächsführung. Sie schildert Ferdinand ihre Herkunft aus hohem englischen Adelshause. Des Hochverrates überführt sei ihr Vater hingerichtet worden, die Mutter sei kurz darauf verstorben. Als Vollwaise sei sie nach Hamburg geflohen. Dort habe sie in Einsamkeit gelebt, allmählich die Reste ihres Vermögens verbraucht und sei zuletzt in Depressionen versunken, bis sich der Herzog während eines Aufenthaltes in Hamburg in sie verliebt habe. Diese Einführungen bleiben nicht ohne Eindruck auf Ferdinand. Anschließend versucht sie, seine Anschuldigungen zu widerlegen: So habe sie die sexuellen Ausschweifungen des Landesherrn, der sich vorher an zahlreichen Landestöchtern vergriffen habe, beendet (vgl. S. 44, Z. 6–16); zudem habe sie harte Urteile abgemildert, unschuldige Menschen getröstet und Verbrecher zur Strecke gebracht.

Ferdinand gesteht seine Liebe zu Luise

Mit diesen Eröffnungen und dem von einer körperlichen Annäherung begleiteten Geständnis ihrer Liebe bringt sie den erschütterten Ferdinand aus dem Konzept (vgl. S. 45, Z. 10–15, Z. 32–35). Da er Lady Milford nach ihren Schilderungen nicht länger verachten kann, offenbart er ihr, dass die Liebe zu der bürgerlichen Luise der eigentliche Hinderungsgrund sei, sie nicht zu heiraten. Zu dieser Liebe bekennt er sich leidenschaftlich. Typisch für den Charakter des schwärmerischen Adeligen ist dabei das Pathos[1], der Hang zur rhetorischen Übertreibung und seine Selbstüberschätzung: „Mein Entschluss und das Vorurteil! – Wir wollen sehen, ob die *Mode* [z. B. das herkömmliche Standes-

---

[1] Pathos: Leidenschaftlichkeit, Überschwang, Feierlichkeit; wird oft abwertend gebraucht

denken] oder die *Menschheit* auf dem Platz bleiben wird."
(S. 46, Z. 23–25)

Die Mätresse ist zwar sichtlich getroffen von Ferdinands Geständnis, besteht aber auf der Heirat, auch wenn dadurch drei Menschen – sie, Ferdinand und Luise – unglücklich würden. Da bereits das ganze Herzogtum von ihrer Hochzeit wisse, müsse sie angesichts vieler Neider und Feinde ihre Ehre bewahren (vgl. S. 47, Z. 10–17). Damit ist Ferdinands Ansinnen gescheitert und der Konflikt erreicht eine neue Dimension.

Funktion der Szene: weiterer Spannungsanstieg

Zweiter Akt, Vierte Szene, beim Musikanten

Schauplatz ist erneut die bürgerliche Wohnung. Luise und ihre Eltern sind voller Sorge, weil sich ein Diener des Präsidenten vor ihrem Haus herumtreibt (vgl. S. 48, Z. 11 f.). Zu Recht vermutet der Vater, dass Wurm den Präsidenten über das Liebesverhältnis informiert hat. Der aufgebrachte Miller beschließt, Ferdinands Vater aufzusuchen, um die Angelegenheit zu klären und zusammen mit seiner Tochter das Herzogtum zu verlassen. Seiner Frau macht er wegen ihrer Kuppelei in drastischer Sprache heftige Vorwürfe (vgl. S. 48, Z. 21–25). Auffällig an dieser Szene ist die Passivität Luises, die kaum das Wort ergreift und von Todesängsten geplagt wird (vgl. S. 48, Z. 13).

Die Sorge der Millers

Zweiter Akt, Fünfte Szene, beim Musikanten

Ferdinand eilt in heftiger Bewegung zu Luise und ihren Eltern, versichert Luise seine Liebe und meldet dabei voller Selbstherrlichkeit einen unbeschränkten Besitzanspruch an (vgl. S. 49, Z. 11 f.). Dieser Ausbruch passt nicht richtig zum folgenden Geständnis, dass diese Liebe während des Gesprächs mit der Mätresse kurzzeitig bedroht gewesen sei. Voller Theatralik wendet Ferdinand sich dann an Lady Milford und seinen Vater, die beide abwesend sind, um seine Liebe zu Luise zu bekräftigen. Dabei ruft er Gott als

Ferdinands Besitzanspruch

Ferdinand bei Luise und ihren Eltern
(Hamburger Schauspielhaus 2008)

Richter über die Rechtmäßigkeit seiner Liebe an und ent-
zieht sie damit aller weltlichen Kontrollversuche (vgl. S. 50,
Z. 22–25).

Zwischen Nieder-geschlagenheit und Hybris Die für Ferdinand typischen Stimmungsschwankungen zwischen Niedergeschlagenheit und Erstarrung einerseits (vgl.
S. 50, Z. 32 f.), Enthusiasmus und Tatendrang (vgl. S. 50,
Z. 25–27) andererseits kennzeichnen diese Szene auch im
weiteren Verlauf. Dabei überschreitet seine Begeisterungsfä-
higkeit schnell die Schwelle zur Hybris[1]: „Frei wie ein Mann
will ich wählen, dass diese Insektenseelen am Riesenwerk
meiner Liebe hinaufschwindeln." (S. 51, Z. 10–14)

Luises Todesahnungen Luise dagegen wird wie schon in der vorigen Szene von
Todesahnungen geplagt (vgl. z. B. S. 50, Z. 6). Dieses To-
desmotiv wird von Ferdinand, aber auch von der Mutter
aufgegriffen, die ihre Tochter als „Lamm" (S. 51, Z. 9) bezeichnet und damit auf ein religiöses Symbol für unschul-
diges Leiden und Wehrlosigkeit anspielt. Wenigstens in der
ersten Hälfte der Szene glaubt Luise an ein Ende ihrer Be-

---

[1] Hybris: Hochmut, Vermessenheit, Überheblichkeit

ziehung und fällt dem Vater – und nicht Ferdinand – in die
Arme. Es ist ein weiterer Beleg für Ferdinands Ich-Bezogenheit, dass er sich Luise nicht zuwendet, sondern gleich den
eigenen Vater zur Rede stellen will. Erst als er von Luise, der
Mutter und dem Vater aufgehalten wird, bleibt er stehen.
Ferdinands Liebesschwüre weisen schon auf das tragische   Funktion
Ende der Liebesbeziehung hin: „Der Augenblick, der diese   der Szene:
                                                              Ferdinands
zwo Hände trennt, zerreißt auch den Faden zwischen *mir*   anmaßender
und der *Schöpfung*" (S. 51, Z. 37 f.). Damit akzeptiert er   Liebesschwur
Gott nicht mehr als Richterinstanz seiner Liebe, sondern
versucht, sich diesem mindestens gleichzusetzen. Luise reagiert sehr besorgt auf die Anmaßung ihres Geliebten (vgl.
S. 52, Z. 1 f.).

Zweiter Akt, Sechste und Siebte Szene, beim Musikanten

Mit einer Schar von Bediensteten betritt der Präsident das   Luise soll
Haus Millers und verhört Luise über ihr Verhältnis zu sei-   lächerlich
                                                              gemacht werden
nem Sohn, wobei dieser ständig in das Gespräch eingreift.
Gezielt versucht der Präsident, Luise bloßzustellen und der
Lächerlichkeit preiszugeben, indem er ihr indirekt unterstellt, eine Prostituierte zu sein (vgl. S. 53, Z. 10 f.). Luise
reagiert darauf zunächst souverän. Als Ferdinands Vater sie
direkt als *„Hure"* (S. 53, Z. 24) bezeichnet, ist sie jedoch
sichtlich getroffen. Auch ihr Geliebter reagiert, indem er
den Degen gegen seinen Vater zückt, ihn dann jedoch
schnell wieder einsteckt.

Obwohl er erkennbar große Angst hat, wagt es auch Mil-   Miller begehrt
ler, dem mächtigen Präsidenten Widerspruch zu leisten.   gegen den
                                                              Präsidenten auf
Zwar versucht er, diesem durch ständiges Wiederholen der
Formel „Halten zu Gnaden" (z. B. S. 54, Z. 7) Respekt zu
erweisen. Aber er macht auch seine Ansicht deutlich, dass
sexuelle Liederlichkeit zwar am Hofe, aber nicht im tugendhaften Bürgertum zu finden sei (vgl. S. 54, Z. 7 – 10).
Außerdem droht er dem Präsidenten an, ihn aus seiner

Wohnung zu werfen. Dieser gerät deswegen in große Wut. Er fordert „schreckliche Genugtuung" (S. 54, Z. 31) und äußert die Absicht, die ganze Familie in den Untergang zu treiben, während sein Sohn die Millers beruhigt und verspricht, sie zu schützen. Es kommt zu einer tumultartigen Auseinandersetzung, bei der der Präsident die Gerichtsdiener antreibt, Luise festzunehmen, die aber von Ferdinand verteidigt wird. Im Vertrauen darauf, dass sein Sohn ihn selbst nicht angreift, gelingt es dem Präsidenten schließlich, Luise zu fassen. Verzweifelt, aber erfolglos droht sein Sohn, seine „Gemahlin" (S. 57, Z. 22) mit dem Degen zu töten. Damit schwingt der Major sich zum Herrn über Luises Leben und Tod auf. Doch erst infolge seiner Drohung, die Verbrechen des Vaters öffentlich bekannt zu machen, lässt er Luise frei (vgl. S. 57, Z. 25–33).

Funktion der beiden Szenen

In dramaturgischer Hinsicht bilden beide Szenen eine weitere Stufe der steigenden Handlung. Der Konflikt zwischen Vater und Sohn eskaliert und für die Familie Miller spitzt sich die Lage zu. Beide Szenen verdeutlichen die schrankenlose Willkür des absolutistischen Herrschaftsapparates, der die Bürger ausgeliefert sind. Ein Recht auf eine Privatsphäre gibt es nicht. Ohne Rechtsgrundlage will der Präsident die Familie Miller verhaften lassen und gibt dabei of-

Der Präsident und Ferdinand bei Millers (Deutsches Theater Berlin 2010)

fen zu, Recht und Gerechtigkeit für seine Rache zu missbrauchen (vgl. S. 54, Z. 30).

Dritter Akt, Erste Szene, Saal beim Präsidenten

Der Präsident und Wurm erörtern die Gründe für das Scheitern des Anschlags. Dabei erweist sich der Sekretär als der bessere Kenner von Ferdinands Charakter. Treffend beurteilt er diesen als „Schwärmer" (S. 58, Z. 5), dem zum einen Aufrichtigkeit, Gerechtigkeit und eine untadelige Lebensführung über alles gehen würden, der zum anderen ambitioniert und temperamentvoll sei. Daher lehne er das von Intrigen geprägte Hofleben ab.

Wurm, der Menschenkenner

Was die Beziehung zwischen Ferdinand und Luise betrifft, hält der Sekretär ein gewalttätiges Vorgehen für falsch. Denn es würde sich fatal auf die Vater-Sohn-Beziehung auswirken und Ferdinand den Anlass liefern, seinen Vater aufgrund seiner Mitwisserschaft zu stürzen. Vor dem Hintergrund dieser Annahmen rät er dem Präsidenten, die Beziehung nicht mit Gewalt zu beenden, sondern mit List und Tücke zu untergraben. Da dieser bei einem Scheitern seines Heiratsplanes allen Einfluss am Hofe verlieren würde, stimmt er zu.

Wurm entwickelt eine zweigeteilte Strategie: Seine Angriffspunkte sind Ferdinands unbeherrschtes, feuriges Temperament und Luises inniges Verhältnis zu ihrem Vater. Miller und seine Frau sollen gefangen genommen und vor Gericht gestellt werden mit der Aussicht auf lebenslange Haft oder Hinrichtung (vgl. S. 61, Z. 15–21). Damit soll Luise unter Druck gesetzt werden: Um ihre Eltern zu befreien, soll sie einen falschen Liebesbrief an einen Dritten schreiben. Dieser Brief soll anschließend in Ferdinands Hände gespielt werden, den Wurm für überaus eifersüchtig hält (vgl. S. 60, Z. 9–14). Ein Eid soll Luises Zunge binden. Zum Adressaten des falschen Liebesbriefes wird Hofmarschall von Kalb bestimmt, den der Präsident in der Hand hat (vgl. S. 62, Z. 27f.).

Die Planung der Intrige

Funktion
der Szene

Indem die Gegenspieler den Druck auf das Liebespaar erhöhen, steigt die Handlungskurve weiter an. Mit dem gerissenen Wurm übernimmt ein genauer Kenner menschlicher Schwächen die Initiative. Intrigen sind also nicht nur Sache des Adels – eine allzu schematische Gegenüberstellung von tugendhaftem Bürgertum und lasterhaftem Adel verbietet sich. Wurm hat die Unsitten des Hofes adaptiert. Wie er glauben kann, dass er nach dem Erfolg der Kabale Luise zur Frau bekommen kann, ist allerdings verwunderlich. Womöglich ist er so von der Macht der Manipulation überzeugt, dass er glaubt, damit alles erreichen zu können.

Dritter Akt, Zweite und Dritte Szene, beim Präsidenten

Der Hofmarschall
unter Druck

Ganz nach Plan informiert der Präsident den eintretenden Hofmarschall über das drohende Scheitern der Verheiratung seines Sohnes. Damit sich von Kalb an der Intrige beteiligt, setzt er diesen mit zwei Mitteln unter Druck: Erstens deutet er an, dass Ferdinand die Intrige öffentlich machen will im Zuge derer er seinen Vorgänger aus dem Weg geräumt hat und in die auch von Kalb verstrickt ist (vgl. S. 64, Z. 28–31). Zweitens behauptet er, dass ein langjähriger Rivale des Hofmarschalls ebenfalls um die Hand der Mätresse anhält (vgl. S. 65, Z. 3–5, Z. 19–27).

Die Intrige kann
beginnen

Da der eitle, aber ungebildete Zeremonienmeister, der seinen Aufstieg offenbar dem Präsidenten verdankt, seinen Einfluss bei Hof nicht verlieren will (vgl. S. 67, Z. 21–23), willigt er ein, als angeblicher Nebenbuhler Ferdinands aufzutreten. Er soll den an ihn adressierten Liebesbrief, den Wurm von Luise erzwingen will, in Ferdinands Nähe „verlieren" (vgl. S. 67, Z. 29–34). Als Wurm zu Beginn der dritten Szene meldet, dass Luises Eltern inhaftiert worden sind, sind die Voraussetzungen für die Ingangsetzung der Intrige geschaffen. Damit ist der Handlungsverlauf um eine weitere Stufe angestiegen.

Dritter Akt, Vierte Szene, Zimmer in Millers Wohnung

Der Dialog zwischen Ferdinand und Luise zeigt, wie genau Wurm den Charakter des jungen Adeligen erfasst hat, der die gefährliche Situation als Bewährungsprobe sieht und auf ein glückliches Ende für seine Beziehung hofft. Als wichtigen Schritt auf diesem Weg sieht er die Aufdeckung der Verbrechen seines Vaters (vgl. S. 69, Z. 5–13), damit dieser ihnen keine Hindernisse mehr in den Weg legen kann. Seine Liebe zu Luise ist für ihn Religionsersatz: „Du, Luise, und *ich* und die *Liebe*! – – Liegt nicht in diesem Zirkel der ganze Himmel?" (S. 69, Z. 15–17) Sein Absolutheitsanspruch erkennt keine anderen Instanzen an.

Ferdinand will alles wagen

Doch Luise verweigert sich diesem Anspruch. Selbst Ferdinands Bereitschaft, ihre Eltern mit auf die Flucht zu nehmen, kann sie nicht umstimmen: Sie möchte keine Beziehung führen, die auf einen „Frevel" (S. 70, Z. 19) gründet und sich nicht mit den bürgerlichen Moralvorstellungen und der gottgewollten Ordnung vereinbaren lässt (vgl. S. 70, Z. 31 – S. 71, Z. 6). Ihr Pflichtbewusstsein und ihre Verzichtsbereitschaft lassen Ferdinand zunächst zwischen Niedergeschlagenheit und Aggression schwanken (vgl. S. 70, Z. 29 f.; S. 71, Z. 7–10). Letztendlich kann er sich ihr Verhalten nur dadurch erklären, dass Luise einen anderen Liebhaber hat. Damit orientiert er sich wieder an den Denk- und Verhaltensmustern am Hofe.

Luise entsagt

Noch bevor er den Lügenbrief überhaupt erhalten hat, verhält sich Ferdinand so eifersüchtig wie von Wurm antizipiert. Damit spielt er den Verschwörern in die Hände. Der junge Adelige ist unfähig oder unwillig, sich in seine Geliebte hineinzuversetzen, und verkennt diese sowie ihre Motive. Die moralischen Erwägungen, die Luises Handeln bestimmen, akzeptiert er nicht. Am Wendepunkt des Dramas wechseln seine Gefühle rasch von bedingungsloser

Funktion der Szene

Liebe zu unbegründeter Eifersucht. Dies wird sich im Folgenden verstärken und mit zur Katastrophe führen.

Die Entwicklung des Verhältnisses von Ferdinand und Luise

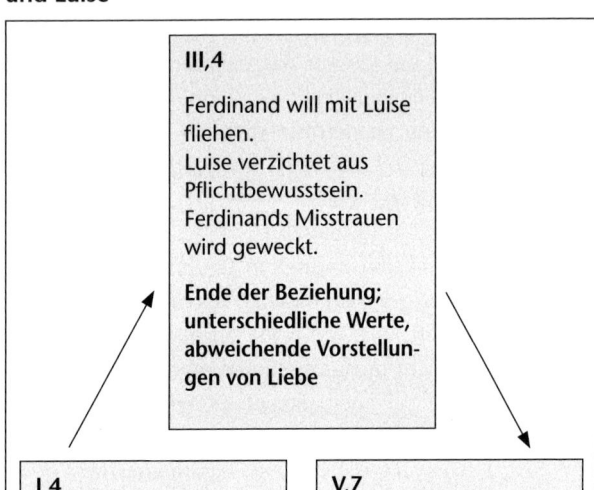

III,4

Ferdinand will mit Luise fliehen.
Luise verzichtet aus Pflichtbewusstsein.
Ferdinands Misstrauen wird geweckt.

Ende der Beziehung; unterschiedliche Werte, abweichende Vorstellungen von Liebe

I,4

Luise fürchtet die Bedrohung von außen.
Ferdinand schwört ihr grenzenlose Liebe.
Luise wird sich ihres Entschlusses unsicher.

Luise ordnet sich Ferdinand und seinen Vorstellungen von Liebe unter.

V,7

Ferdinand vergiftet Luise und sich selbst.
Luise eröffnet ihm die Intrige und vergibt ihm.
Ferdinand vergibt seinem Vater.

Ferdinand ordnet sich Luises religiösen Vorstellungen unter.

Dritter Akt, Fünfte Szene, bei Miller

Da ihre Eltern so lange ausbleiben, wird Luise, die lange Zeit bewegungslos und schweigend da saß, unruhig und von düsteren Vorahnungen geplagt. Die kurze Szene unterbricht die zunehmende Dramatik der Handlung, bevor es zum entscheidenden Aufeinandertreffen mit Wurm kommt.

Luises Vorahnungen

Dritter Akt, Sechste Szene, bei Miller

Vom Sekretär erfährt Luise, dass ihre Eltern sich wegen Majestätsbeleidigung in Gefangenschaft befinden. Ihr Geliebter Ferdinand müsse sich zwischen „Lady Milford oder Fluch und Enterbung" (S. 73, Z. 22) entscheiden, dem Vater drohe die Todesstrafe. Auch wenn Luise anfangs bestürzt auf die Schreckensnachrichten reagiert, bleibt sie standhaft und verliert vor Wurm, den sie ihre Verachtung spüren lässt, nicht die Fassung. Mit ihrem Entschluss, den Herzog aufzusuchen, um diesen von dem Komplott zu unterrichten und auf die Befreiung der Eltern hinzuwirken, treibt sie Wurm vorübergehend in die Defensive. Dabei will sie dem Fürsten von der Notsituation der einfachen Leute berichten und ihm klarmachen, dass Gott beim Jüngsten Gericht „Majestäten und Bettler in dem nämlichen Siebe rüttle" (S. 75, Z. 27 f.), also nach gleichen Maßstäben beurteilt.

Wurm setzt Luise unter Druck

Wurm pariert den Angriff, indem er dreist behauptet, dass der Herzog nur dann ihrem Anliegen stattgeben werde, wenn Luise seine Bettgespielin werde (vgl. S. 76, Z. 3). Zu Recht spekuliert der Sekretär darauf, dass sie ihren Vater zwar innig liebt, aber ihr Handeln stärker noch vom Wunsch nach Tugendhaftigkeit und Reinheit geprägt ist: Da sie sich nicht versündigen und in Schande leben will, kann sie ihren Vater auf diese Weise nicht retten. Ganz nach Plan eröffnet Wurm Luise schrittweise den Plan mit dem fingierten Liebesbrief als Ausweg aus diesem Dilemma (vgl. ab S. 76, Z. 19).

Luises Dilemma

Der fingierte Liebesbrief wird verfasst

Der von ihm diktierte Liebesbrief enthält einige spöttische Bemerkungen über Ferdinand (vgl. z. B. S. 78, Z. 7–9) und wird von Luise im Bewusstsein der Folgen unter sichtlichen Qualen verfasst (vgl. S. 78, Z. 26–33). Dennoch ist sie stark genug, um einen Antrag Wurms, der ihre Erniedrigung ausnutzen will, abzulehnen (vgl. S. 78, Z. 34–40). So verkehrt sie die Machtverhältnisse. Verabredungsgemäß zwingt Wurm sie abschließend in die Kirche, wo sie einen Eid auf ihr Schweigen ablegen soll.

Wurm und Luise (Verfilmung von Leander Haußmann, 2005)

Funktion der Szene: der Brief als Höhepunkt der Intrige

Der dritte Akt läuft auf das Diktat des Briefes als Medium der Intrige zu und auch die weitere Handlung bis zur Katastrophe wird stark von dem Brief (und Luises durch den Eid erzwungenes Schweigen) bestimmt. Damit stellt diese Szene im Sinne des pyramidalen Schemas den Höhepunkt des Handlungsverlaufs dar.

Vierter Akt, Erste Szene und Zweite Szene, Saal beim Präsidenten

Zu Beginn der ersten Szene betritt Ferdinand mit dem Brief in der Hand den Saal und lässt voller Erregung den Hofmarschall rufen. An seinem Verhalten erahnt man, dass er den Inhalt des Briefes kennt. Während seines Monologs in der zweiten Szene wird deutlich, dass seine Reaktion so ausfällt, wie von den Verschwörern erhofft. Der junge Adelige erkennt Luises Handschrift und bringt den Inhalt des fingierten Briefes in Verbindung mit ihrem Verzicht in der vierten Szene des dritten Aktes.

Abrupt schlagen seine Gefühle von einem Extrem ins andere um. Er glaubt, dass Luise ihn hintergangen hat, was für ihn „ein unerhörter, ungeheurer Betrug, wie die Menschheit noch keinen erlebe" (S. 80, Z. 8 f.), sei. Selbst „wenn Himmel und Erde, wenn Schöpfung und Schöpfer zusammenträten, für ihre Unschuld bürgten" (S. 80, Z. 6 f.), könne er ihr nicht mehr vertrauen. Seine vorher maßlosen Liebesschwüre schlagen um in maßlosen Hass („Tod und Rache!", S. 81, Z. 31), den er so selbstgewiss artikuliert wie vorher seine Liebe.

In dem Moment, in dem Ferdinand glaubt, aufzuwachen und einen Betrug zu durchschauen (vgl. S. 80, Z. 11), wird er Opfer einer Intrige und seiner eigenen Verblendung. Er sieht seinen eifersüchtigen Verdacht bestätigt und interpretiert Luises Verhalten radikal aus dieser neuen Perspektive: „Da ich ihr die Gefahr unsrer Liebe entdeckte, mit welch überzeugender Täuschung erblasste die Falsche da!" (S. 81, Z. 12 f.) Den Brief beziehungsweise seine Umstände hinterfragt er nicht und erkennt daher nicht, was der Zuschauer erkennt: dass es schwierig ist, sich eine Beziehung zwischen der ernsthaften Luise und dem geckenhaften Hofmarschall vorzustellen. Darin liegt die tragische Ironie dieser Szene begründet. Ferdinands außerordentliche Erregtheit wird von Schiller sprachlich kunstvoll ausgestaltet.

Ferdinands Reaktion auf den Brief

Die Selbsttäuschung des jungen Adeligen

Funktion der Szene

Der Monolog ist geprägt von kurzen Sätzen, Wiederholungen, Pausen, zahlreichen Fragen und Ausrufen: „Es ist nicht möglich. Nicht möglich. Diese himmlische Hülle versteckt kein so teuflisches Herz – – Und doch! Doch! [...] Gott! Gott! Und alles das nichts als *Grimasse?* – Grimasse? – O wenn die Lüge eine so haltbare Farbe hat, wie ging es zu, dass sich kein Teufel noch in das Himmelreich hineinlog?" (S. 80, Z. 3 f. bzw. S. 81, Z. 8–11)

Vierter Akt, Dritte Szene, beim Präsidenten

Ferdinand fordert den Hofmarschall zum Duell

Zu Beginn der Szene konfrontiert Ferdinand den völlig überraschten von Kalb mit dem Brief und macht Anstalten, diesen zum Pistolenduell aus geringster Entfernung zu fordern (vgl. S. 82, Z. 12–16, Z. 24–28). Da der Hofmarschall voller Angst versucht, dem Duell auszuweichen, verspottet Ferdinand ihn und wirft dabei die entscheidende Frage auf: „Und mit *diesem* ihr Herz zu teilen?" (S. 83, Z. 35 f.) Denn von Kalb als lächerliche Figur ist ein gänzlich unattraktiver Liebhaber! Voller Verblendung gibt er sich selbst aber die falsche Antwort darauf.

Ferdinand bedroht den Hofmarschall.
(Düsseldorfer Schauspielhaus 2009)

Ferdinand warnt den Hofmarschall davor, sich Luise weiter zu nähern, und fragt ihn, wie weit die Beziehung zu ihr schon gediehen sei. Damit bringt er den Hofmarschall so stark in Bedrängnis, dass dieser beginnt, ihm die Verschwörung aufzudecken („Sie sind ja betrogen.", S. 84, Z. 35), was Ferdinand in seinem Zorn aber nicht wahrnehmen will (vgl. S. 85, Z. 4–9). Von Kalbs Geständnis, Luise weder zu kennen noch sie jemals gesehen zu haben (vgl. S. 85, Z. 10f.), beurteilt er völlig falsch: „Die Millerin ist *verloren* um deinetwillen, du leugnest sie dreimal in *einem* Atem hinweg?" (S. 85, Z. 13–15) Damit vergibt er eine Chance, das Komplott aufzudecken und die Katastrophe noch aufzuhalten.

(Randnotiz: Selektive Wahrnehmung)

Vierter Akt, Vierte Szene, beim Präsidenten

Im zweiten Monolog Ferdinands im vierten Akt verfestigt sich dessen Hass auf Luise und sein Rachedurst, beides verbunden mit dem Verlangen nach Selbstzerstörung. Dazu wendet er sich an Gott als den „Richter der Welt" (S. 85, Z. 6). Aber ebenso wenig wie vorher, als er seine Liebe verabsolutierte, ist er in der Krise bereit, sich Gott unterzuordnen. Vielmehr erneuert er seinen Besitzanspruch auf Luise und schwingt sich selbstherrlich zu ihrem Richter auf: „Fodre sie mir nicht ab. Das Mädchen ist mein." (S. 85, Z. 6f.) Doch seine Hybris geht noch weiter: Er spielt sich nicht nur zum Herrn über Luises Leben und Tod auf, er maßt sich auch an, über ihre Erlösung bzw. Verdammnis zu bestimmen: Statt „ihr Gott" wie vorher möchte er nun „ihr Teufel" (S. 86, Z. 2) sein und ihr anstelle des Himmels die Hölle bereiten.

(Randnotiz: Ferdinand als Rachegott)

Vor der Krise hatte Ferdinand die Liebe zu Luise zum Gottesdienst erhoben – diese Liebe wurde vergöttlicht und diente als Religionsersatz. Doch auch nach dem Scheitern dieses Konzeptes setzt er seine Gefühle absolut und ist nicht bereit, sich Gott beziehungsweise traditionellen religiösen Vorstellungen unterzuordnen.

(Randnotiz: Liebe als Religionsersatz?)

Vierter Akt, Fünfte Szene, beim Präsidenten

Versöhnung zwischen Vater und Sohn

Ferdinand unterwirft sich seinem Vater und ersucht ihn um Verzeihung. In heftiger Erregung preist er dessen Weitblick, was Luises Charakter angeht, und bittet um den väterlichen Segen. Er ist emotional so aufgewühlt, dass er sich von der Heuchelei des Präsidenten blenden lässt, der eingangs den fürsorglichen Vater markiert (vgl. S. 86, Z. 3–6, Z. 11 f., Z. 19 f.). Um die Täuschung komplett zu machen, gibt der Präsident im Folgenden vor, die Heirat mit Luise zu billigen, und preist Luises Tugend und Schönheit. Der hinters Licht geführte Ferdinand fällt auf die Täuschung des Vaters herein und bedauert seinerseits, dass der Vater sich von Luise hat täuschen lassen („Und Sie schauen ja doch sonst die Herzen so durch! […] Heuchelei ohne Beispiel", S. 87, Z. 16–18). Die Regieanweisungen sowie Ferdinands Sprache (Ausrufe, Wiederholungen, Einschübe) illustrieren dessen starke Erregung.

Erfolg der Intriganten

Nach dem bisherigen Verlauf des vierten Aktes scheint der Plan der Intriganten aufzugehen. Ferdinands Reaktionen sind aus deren Sicht wie erhofft: Er hat sich von Luise losgesagt und sich dem Vater unterworfen. Damit ist die erste Stufe der fallenden Handlung abgeschlossen.

Vierter Akt, Sechste Szene, ein sehr prächtiger Saal bei der Lady

Lady Milford erwartet Luise

Lady Milford hat Luise eingeladen und will sie in einem sehr prächtigen Saal empfangen, um sie zu beeindrucken. Dazu soll außerdem beitragen, dass sie ihren kostbarsten Schmuck angelegt hat, ihre besten Gewänder trägt und zahlreiche Bedienstete um sich geschart hat (vgl. S. 88, Z. 19–24). Dennoch erwartet sie ihre Konkurrentin sichtlich nervös und voller Selbstzweifel (vgl. S. 88, Z. 1–4, Z. 10–12).

Vierter Akt, Siebte Szene, bei Lady Milford

Um Luise nach ihrem Eintreten zu verunsichern und einzuschüchtern, kehrt Lady Milford ihr eine Zeit lang den Rücken zu und beobachtet sie über einen Spiegel (vgl. S. 89, Z. 1–5, Szenenüberschrift). Als Luise die Initiative ergreift und grüßt, tut Lady Milford so, als würde sie deren Identität nicht kennen, und behandelt sie herablassend. Insgeheim mustert sie ihr Gegenüber aber genau, wobei deutlich wird, dass sie sich von Luise angezogen fühlt (vgl. S. 89, Z. 9–11, Z. 14–20). Deren kurze, bescheidene, aber bestimmte Entgegnungen zeigen, dass sie sich von Lady Milford bzw. der höfischen Umgebung nicht beeindrucken lässt (vgl. S. 89, Z. 21 f., Z. 31). Lady Milford erweist sich insgeheim als empathiefähig, als ihr klar wird, dass Luise gerade ihre erste Liebe erlebt, bietet ihr dann aber ein Stelle als Kammerzofe an, mit der Begründung, Luises Leidenschaft könne nicht dauerhaft sein. Auf Luises höfliche, aber bestimmte Ablehnung hin gibt sich Lady Milford verärgert. Sie wirft ihr Überheblichkeit vor, erinnert sie an ihre bürgerliche Herkunft und mahnt sie, sich nicht zu viel auf ihre vergängliche Attraktivität einzubilden. Als ihre Bedienstete könne Luise sich zudem „[i]hrer bürgerlichen Vorurteile entledigen" (S. 91, Z. 13).

Lady Milford gibt sich herablassend

Doch Luise bleibt standhaft, entlarvt ihrerseits die Eitelkeit Lady Milfords und bekennt sich zu ihrer bürgerlichen Herkunft. Eine Tätigkeit am Hofe betrachtet sie als Gefährdung ihrer Tugend (vgl. S. 91, Z. 5–8, Z. 14, Z. 20–25). Zudem könne ihre aus ihrer Tugendhaftigkeit erwachsende *„heitre Ruhe"* (S. 92, Z. 5) das Gewissen der Mätresse angesichts des lasterhaften Hoflebens auf eine harte Probe stellen. Sie steht *„gelassen und edel"* (S. 92, Z. 16, Regieanweisung) sowohl zu ihrer bürgerlichen Herkunft als auch zu ihrem persönlichen Unglück. Während Lady Milford glaubt, Luise zu durchschauen, indem sie hinter deren Ablehnung keine Werthaltung, sondern ein „feurigeres Interesse" (S. 92,

Luises Bekenntnis zur Bürgerlichkeit

Luise bei Lady Milford (Deutsches Theater Berlin 2010)

Z. 13) – nämlich Ferdinand – vermutet, ist es tatsächlich Luise, die ihrerseits die Adelige durchschaut: „Wie kommt es, Mylady, dass Ihr gepriesenes Glück das *Elend* so gern um Neid und Bewunderung anbettelt?" (S. 93, Z. 1–3)

Die Entlarvung Lady Milfords Auf die heftige Reaktion der Adeligen hin entlarvt Luise deren Stellenangebot als geplanten Versuch, sie von Ferdinand zu trennen (vgl. S. 93, Z. 25–28). Lady Milford gibt daraufhin zu, Ferdinand zu kennen und von seiner Liebe zu der Bürgerlichen zu wissen. Zuerst mit Drohungen und dann mit Geschenken versucht sie, das Liebespaar zu trennen. Luise begegnet der Gewaltandrohung souverän und zeigt Mitgefühl für die Leidenschaftlichkeit Lady Milfords (vgl. S. 94, Z. 15–20). Auf einen sich anschließenden Bestechungsversuch reagiert Luise zunächst befremdet. Dabei wird deutlich, dass sie im Glauben war, Lady Milford sei an der Intrige Wurms und des Präsidenten beteiligt (vgl. S. 94, Z. 30–32). Nach einer nachdenklichen Pause verzichtet sie aus freiem Willen auf Ferdinand. Anschließend macht sie Lady Milford Vorwürfe, dass diese ihre Liebesbeziehung zu Ferdinand zerstört habe, und droht mit Selbstmord.

Erst am Ende des vierten Aktes treffen die beiden Rivalinnen direkt aufeinander. Anfangs erscheint die Adelige als überlegen, im weiteren Verlauf des Dialoges erweist sich die souveräne Luise als zunehmend gleichwertige, später sogar überlegene Gesprächspartnerin, die sich weder vom höfischen Glanz noch von der Machtstellung Lady Milfords verunsichern lässt, sondern dieser angesichts ihrer Emotionalität sogar Mitgefühl entgegenbringt. Aus der Perspektive bürgerlicher Wertvorstellungen und bürgerlichen Selbstbewusstseins verhält sich die Geigerstochter geradezu musterhaft. Auffällig in dieser Szene sind die zahlreichen Regieanweisungen, mit denen Schiller das Auftreten der beiden Rivalinnen präzise choreografiert. Luises zunehmende Dominanz spiegelt sich also nicht nur in ihrem Sprachgebrauch, sondern auch in ihrem Auftreten wider.

Funktion der Szene

Vierter Akt, Achte und Neunte Szene, bei Lady Milford

Der Monolog der allein zurückgebliebenen Lady Milford zeigt, wie sehr Luise ihr Selbstbewusstsein und ihr Selbstbild erschüttert hat. Vom Verzicht der „verwahrlosten Bürgerdirne" (S. 96, Z. 2) fühlt sie sich in ihrem Stolz gekränkt und beschließt ihrerseits „zu entsagen" (S. 96, Z. 5). Zudem möchte sie damit ihren Großmut unter Beweis stellen, denn sie ist im Glauben, sie könne die Beziehung der beiden auf diese Weise retten (vgl. S. 96, Z. 8–11). Sie beschließt, in Zukunft ein tugendhaftes Leben zu führen und deswegen den Kontakt zum Herzog zu beenden. Dem in der neunten Szene eintretenden von Kalb übergibt sie ein entsprechendes Abschiedsschreiben, dessen Inhalt der klatschsüchtige Hofmarschall überall verbreiten soll. In dem Schreiben kündigt sie dem Herzog den einst geschlossenen Vertrag, weil dieser sich nicht um das Wohlergehen seiner Untertanen gekümmert und damit gegen die Bedingungen verstoßen hat. Um sich von ihrer Rolle als Mätresse zu dis-

Lady Milford entsagt

tanzieren, unterschreibt sie mit ihrem Geburtsnamen. Während sie sich über die Ängstlichkeit des Hofmarschalls lustig macht, der nicht der Überbringer schlechter Nachrichten sein möchte, wendet sie sich ihrer Dienerschaft zu. Für deren Treue, Redlichkeit und Wärme, Pflichtbewusstsein und Stolz – alles bürgerliche Wertvorstellungen – bedankt sie sich und beschenkt sie, bevor sie abreist.

Funktion der Szene: eine Chance für die Liebenden?

Zwar hat Luises Selbstmorddrohung in der siebten Szene des vierten Aktes das katastrophale Ende des Stücks schon angedeutet. Andererseits scheinen sich durch den Verzicht und die Abreise der Rivalin neue Handlungsspielräume für das Liebespaar zu eröffnen. In diesem Sinne könnte man den Abschied Lady Milfords als retardierendes Moment bezeichnen.

Fünfter Akt, Erste Szene, in einem Zimmer beim Musikanten

Luise plant den Selbstmord

Der inzwischen wieder freigelassene Miller kommt abends in seine Wohnung zurück, nachdem er seine Tochter ohne Erfolg in der Stadt gesucht hat (vgl. S. 101, Z. 10–20). Er trifft Luise, deren Äußerungen am Szenenbeginn andeuten, dass sie sich umbringen will (vgl. S. 101, Z. 21f., Z. 25f.). Den damit zusammenhängenden Plan eröffnet sie im Folgenden dem Vater: Er basiert auf der Vorstellung, dass Eide wie das von Wurm erpresste Schweigegelübde nur für die Lebenden gelten, nicht aber für Sterbende und Tote. Luise hat einen Brief verfasst, in dem sie Ferdinand die wahren Ursachen für die Zerstörung ihrer Beziehung andeutet (vgl. S. 102, Z. 34f.) und ihn dazu auffordert, mit ihr an „einen *dritten* Ort" (S. 103, Z. 3) zu gehen, d.h. ins Grab. So wären sie im Tode wieder vereint.

Der Vater bringt sie vom Selbstmord ab

Der zum Boten bestimmte Vater liest den Brief und reagiert entsetzt auf seinen Inhalt. Um sich vor ihm zu rechtfertigen, kleidet Luise ihren Entschluss in beschönigende und verharmlosende Formulierungen (vgl. S. 104, Z. 9–12).

Doch Miller hält den Suizid für die schlimmste aller Sünden, denn sie ist „die einzige, die man nicht mehr bereuen kann, weil Tod und Missetat zusammenfallen" (S. 104, Z. 13–15). Damit bringt er seine Tochter zum Nachdenken. Für ihn liegen die Ursachen der Misere seiner Tochter darin, dass diese aufgrund ihrer leidenschaftlichen Liebe zu Ferdinand ihre religiösen Verpflichtungen vernachlässigt hat. Mit ihrer Entgegnung („Ist *lieben* denn Frevel, mein Vater?", S. 104, Z. 26) stellt Luise infrage, dass ihre Liebe unvereinbar mit den christlichen Grundsätzen ist. Daraufhin appelliert Miller eigennützig an seine Tochter, dass er angesichts seines zunehmenden Alters die Hilfe und Fürsorge seiner Tochter brauche, doch auch damit hat er noch keinen vollständigen Erfolg (vgl. S. 105, Z. 1–8). Mit dem Hinweis, dass sie beide sich im Jenseits womöglich nicht mehr treffen werden, verunsichert er die Tochter weiter. Danach wirft er die Frage auf, wie Luise ihre Sünde am Jüngsten Gericht vor Gott rechtfertigen wolle (vgl. S. 105, Z. 9–14), und bringt sie damit weiter in Bedrängnis. Als er ihr noch ein Messer reicht, mit der Aufforderung, sich und damit auch ihn umzubringen, hat er sie umgestimmt: Sie entscheidet sich für den Vater und vernichtet den Brief. Beide beschließen daraufhin, die Stadt zu verlassen.

Zu Beginn der Szene ist Luise fasziniert von der Idee des gemeinsamen Selbstmordes aus Liebe, einer Tat, die unvereinbar mit christlichen Werten ist. Aber auch die im Zusammenhang damit verwendeten Formulierungen weichen von herkömmlichen Jenseitsvorstellungen ab: So ist der Tod für Luise kein „Gerippe", sondern ähnelt dem „Liebesgott" (S. 104, Z. 1–3). Im Verlauf des Gespräches bringt Miller die Tochter dazu, seine traditionellen religiösen Vorstellungen zu akzeptieren, und gewinnt sie zurück. Für den Zuschauer scheint damit die drohende Katastrophe vorerst abgewendet und der Ausgang wieder offener. Aus heutiger Sicht stellt sich die Frage, warum sich Luise so stark von

Funktion der Szene: Luise akzeptiert die traditionellen religiösen Vorstellungen

dem erpressten Eid bestimmen lässt, anstatt sich von der Tradition zu emanzipieren und Ferdinand ins Vertrauen zu ziehen.

Fünfter Akt, Zweite Szene, beim Musikanten

Ferdinand betritt die Wohnung Millers. Luises zutreffende Vorahnung („Mich zu ermorden ist er da!", S. 107, Z. 7) interpretiert er fälschlicherweise als Eingeständnis ihrer Schuld (vgl. S. 107, Z. 9–13). Auf das inständige Flehen des Vaters, er möge seine Tochter in Frieden lassen und gehen, reagiert Ferdinand mit einer Finte: Da Lady Milford das Land verlassen und sein Vater Luise als Gattin akzeptiert habe, komme er, um seine „Braut zum Altar abzuholen" (S. 108, Z. 6f.). Damit deutet sich seine Absicht an, Luise und sich umzubringen, um im Tode mit ihr vereint zu sein. Dass Luise auf seine Ankündigung nicht reagiert, sieht er als neuerlichen Beweis ihrer Schuld an. Er wirft ihr den fingierten Brief an den Hofmarschall zu, woraufhin Luise das Bewusstsein verliert. Ihre Ohnmacht kommentiert Ferdinand voller Sarkasmus, ehe er versucht, sie zu küssen (vgl. S. 108, Z. 28–35). Den Vater, der sich ihm in den Weg stellt, verdächtigt er der Mitwisserschaft an Luises angeblichem Betrug.

Danach fragt er Luise dreimal, ob sie den Brief verfasst habe (vgl. S. 109, Z. 17, Z. 26f., Z. 35). Nach heftigem inneren Kampf bejaht Luise dies „fest und entscheidend" (S. 110, Z. 2, Regieanweisung). Ferdinand, dessen Zorn sich in sein Gegenteil verkehrt, will dies nicht glauben: „Nicht wahr, Luise – du bekanntest nur, weil ich zu heftig fragte?" (S. 110, Z. 7f.)

Als Luise sich ihrem Eid getreu nochmals dazu bekennt, den Brief geschrieben zu haben, fordert Ferdinand sie explizit, aber vergebens zur Lüge auf. Erstmals, doch folgenlos hinterfragt er dabei die Umstände für das Zustandekommen des Briefes (vgl. S. 110, Z. 10–21). Als Luise bei

(Marginalien:)

Ferdinand will sich rächen

Ferdinand verhört Luise

ihrem Standpunkt bleibt, stellt er die rhetorische Frage „Wusstest du, was du mir warest, Luise?" (S. 110, Z. 27), die er sogleich an ihrer Stelle beantwortet: Sie sei ihm „*alles*" (S. 110, Z. 28) gewesen. Aus diesem anmaßenden Absolutheitsanspruch heraus beurteilt er ihren vermeintlichen Fehltritt als „frevelhaft" (S. 110, Z. 31), d. h. als Verstoß gegen die göttliche Ordnung. Damit legitimiert er seinen Wunsch nach Rache. Scheinbar ohne Hintergedanken bittet er Luise darum, ihm ein Glas Limonade zuzubereiten.

Die Szene zeigt, dass nicht nur Luise an ein Leben nach dem Tod zusammen mit dem Geliebten glaubt. Anders als sie denkt Ferdinand jedoch nicht an einen gemeinsamen Freitod aus Liebe, sondern möchte Luise und sich selbst aus enttäuschter Liebe töten. Sein schwankendes, wie so oft von einem Extrem ins andere umschlagendes Verhalten zeigt, dass dieser Entschluss zu Beginn der Szene noch nicht endgültig gewesen ist, sondern sich erst infolge von Luises Standhaftigkeit verfestigt. Durchgehend maßt er sich das Amt des göttlichen Richters an: Anfangs ist Luise ihm eine „giftige Natter" (S. 109, Z. 14), die selbst „die Engel des Lichts hintergangen hat" (S. 108, Z. 33), später fällt er seinen Urteilsspruch, obwohl ihm Luise die Wahrheit gesagt hat. Er selbst dagegen ist zu Beginn der Szene trotz gegenteiliger Beteuerungen zu lügen bereit, um die angebliche Wahrheit ans Licht zu bringen (vgl. S. 108, Z. 1 – 7 bzw. Z. 12 – 15). Luise wird ihre Wahrheitsliebe zum Verhängnis. Da sie sich im Gespräch mit dem Vater wieder in die traditionelle göttliche Ordnung eingefügt hat, ist ihr Eid ihr heilig. Ihr gelingt es nicht, sich zu emanzipieren. Eine auffällige Häufung religiösen Vokabulars unterstreicht die der Auseinandersetzung zugrunde liegende Problematik (siehe oben; „Der Segen war fort aus meiner Hütte", S. 107, Z. 25; „Gotteslästerung", S. 109, Z. 15 f.; „Schwöre bei Gott!", S. 109, Z. 34).

Funktion der Szene

Fünfter Akt, Dritte Szene, beim Musikanten

Ferdinands
düstere
Andeutungen

Von Luise mit deren Vater allein gelassen gerät Ferdinand ins Grübeln, erinnert sich nostalgisch an den Beginn der Beziehung und ergeht sich in düsteren Andeutungen: „[A]uch du verlierst – verlierst vielleicht alles" (S. 111, Z. 28f.). Abschließend will er von Miller, der sich sichtlich unwohl fühlt, wissen, ob Luise dessen einzige Tochter sei, was dieser bejaht.

Fünfter Akt, Vierte Szene, beim Musikanten

Ferdinand plagt
das schlechte
Gewissen

Während Miller nach seiner Tochter sieht, die die Limonade zubereitet, wird der allein zurückgebliebene Ferdinand zu Szenenbeginn von seinem schlechten Gewissen geplagt. Er bezeichnet sich selbst als „Mörder" (S. 112, Z. 2) und fragt sich, ob er imstande sei, Miller die einzige Tochter zu nehmen (vgl. S. 112, Z. 2–17).

Ferdinands
Rechtfertigungs-
versuch

Im Folgenden bemüht er sich um die Rechtfertigung seiner Absicht. Anmaßend behauptet er, dass Luise aufgrund ihrer offenkundigen Heuchelei auch ihren Vater nicht glücklich machen könne. Dieser sei ihm vielmehr zu Dank verpflichtet, wenn er Luise vorbeugend ausschalte: „Und ich verdiene noch Dank, dass ich die Natter zertrete, ehe sie auch noch den Vater verwundet." (S. 113, Z. 5f.) Auffällig ist dabei, dass Ferdinand sein Verbrechen mit religiösen Bezügen legitimieren will, wenn er Luise mit einer Schlange, dem biblischen Sinnbild des Teufels, vergleicht.

Fünfter Akt, Fünfte Szene, beim Musikanten

Ferdinands
Bestechungs-
versuch

Zu Beginn der Szene macht Ferdinand gegenüber Miller, dessen tieftraurige Tochter nach wie vor in der Küche sitzt, eine Andeutung, dass er sie mit der Limonade vergiften will (vgl. S. 113, Z. 5). Sein schlechtes Gewissen bringt ihn dazu, Miller seine Börse aufzudrängen. Angeblich will er damit noch offene Rechnungen für Musikstunden begleichen, in Wirklichkeit hofft er, den Alten damit für den Verlust seiner Tochter entschädigen zu können (vgl. S. 113, Z. 5–7, Z. 12 f.). Er rät dem Alten zur Vorsicht und kritisiert ihn dafür, dass er seine ganze Liebe nur einem Kind zuwendet. Als Miller erkennt, dass die Börse prall gefüllt mit Gold ist, weigert er sich aufgrund seiner Frömmigkeit zunächst, das Geld anzunehmen, „denn so viel Geld lässt sich, weiß Gott, nicht mit etwas Gutem verdienen" (S. 114, Z. 25 f.). Ferdinand beruhigt ihn: Das Gold sei der Lohn für seinen „drei Monat langen glücklichen Traum" (S. 115, Z. 6) von einem Leben mit Luise.

Von Ferdinand beruhigt erliegt Miller der Versuchung und nimmt das Geld an. Voller Vorfreude malt er sich aus, wie er den neuen Wohlstand in der Öffentlichkeit zeigen könnte. Weiterhin träumt er davon, das Geld in Luises Erziehung und Ausstattung zu stecken, um der Tochter den sozialen Aufstieg zu ermöglichen (vgl. S. 116, Z. 6–11). Davon möchte Ferdinand nichts hören und fordert ihn auf, noch einen Tag lang zu schweigen.

Miller erliegt der Versuchung

Somit wird auch Miller zur gebrochenen Figur. Nachdem er die ganze Handlung hindurch die bürgerlichen Werte verkörpert hatte, lässt er sich vom Gold Ferdinands bestechen und leistet diesem keinen Widerstand mehr. Dies wird sich in der nächsten Szene fatal auswirken.

Funktion der Szene: Millers Mitschuld

Fünfter Akt, Sechste Szene, beim Musikanten

Als Luise endlich die Limonade bringt, versucht Ferdinand, Miller loszuwerden. Dieser soll zum Präsidenten gehen, sein Nichterscheinen entschuldigen und einen Brief abgeben. Obwohl die ängstliche Luise ihren Vater mehrmals zu überreden versucht, sie an seiner Stelle gehen zu lassen, weist der bestochene Miller ihr Ansinnen zurück: „Du bist allein, und es ist finstre Nacht" (S. 117, Z. 15). Doch er nimmt in Kauf, dass seine Tochter nach seinem Fortgang mit dem gefährlich wirkenden Ferdinand allein bleiben wird! Während Luise ihrem Vater den Weg nach draußen leuchtet,

Miller lässt seine Tochter im Stich

gibt Ferdinand Gift in die Limonade und bekräftigt seinen Mordplan: „Die obern Mächte nicken mir ihr schreckliches *Ja* herunter" (S. 117, Z. 20 f.). Er maßt sich an, nur Gottes Willen auszuführen, nachdem ihr „guter Engel" (S. 117, Z. 22) – gemeint ist ihr ansonsten fürsorglicher Vater – sie im entscheidenden Moment schutzlos zurückgelassen hat.

Fünfter Akt, Siebte Szene, beim Musikanten

Das letzte Aufeinandertreffen der Liebenden beginnt mit einem langem Schweigen, das die zwischen ihnen herrschende innere Spannung und die gestörte Kommunikation unterstreicht (vgl. S. 117, Z. 8 f., Regieanweisung).

Ferdinand vergiftet Luise und sich selbst

Um das Schweigen zu überbrücken, betreibt Luise Konversation und schlägt vor, Bekannte einzuladen (vgl. S. 118, Z. 1 – 3, Z. 5 f., Z. 8 – 10, Z. 19 – 24). Ihre Kommunikationsversuche quittiert Ferdinand zunächst mit Schweigen und dann mit Häme: In Zukunft wolle er sich in seiner Lebensführung an ihrem Beispiel orientieren. Dann malt er sich ihr beider weiteres Leben aus. Sein beißender Sarkasmus jedoch zeigt, dass es ihm damit nicht ernst ist, sondern er auf diese Weise nur Luise herabwürdigen will: „Vielleicht, dass meine verlorene Ruhe sich in einem Bordell wiederfinden lässt" (S. 119, Z. 11 f.). Er ist so außer sich, dass auch Luises emphatischer und inhaltlich treffender Einwurf („Unglücklich bist du schon, willst du es auch noch verdienen?", S. 119, Z. 20 f.) seinen Zorn nur weiter anstachelt. Seine Ich-Bezogenheit ist so groß, dass er ihr die Fähigkeit, zu fühlen, und die Fähigkeit, seine Stimmungen zu erkennen, abspricht. Auf den angeblichen Angriff auf seine Persönlichkeit reagiert er auf gewohnte Weise: Da Luise weder leichtsinnig noch dumm gehandelt habe, sei sie eine „Schlange" bzw. ein „Teufel" (S. 119, Z. 29 bzw. Z. 34). Mit dieser letzten Rechtfertigung setzt er seinen tödlichen Plan in die Tat um: Er trinkt selbst die Limonade und bringt Luise dazu, es ihm nachzutun (vgl. S. 120, Z. 1 f.).

Ferdinand und Luise (Hamburger Schauspielhaus 2008)

Während Luise im Folgenden *„mit dem vollen Ausdruck der Liebe"* (S. 120, Z. 25, Regieanweisung) klarstellt, wie sehr sie Ferdinands vorherige Äußerungen gekränkt haben, gerät dieser nach unwiderruflich vollbrachter Tat ins Zweifeln. Er muss sich dazu zwingen, in ihr weiterhin eine „Natter" zu sehen und nicht einen „Engel", um seine Selbsttäuschung aufrechterhalten zu können (S. 120, Z. 27 – S. 121, Z. 2). An den Schöpfergott richtet er die Frage, warum sein (d. h. Gottes) „Gift in so schönen Gefäßen" (S. 121, Z. 8 f.) zirkuliert, während doch in diesem Moment das von ihm verabreichte Gift durch Luises Adern fließt. Deren Entgegnung zeigt, wie sehr sie den Charakter des schwärmerischen, aber letztlich haltlosen Adeligen durchschaut hat: „O des frevelhaften Eigensinns! Ehe er sich eine Übereilung gestände, greift er lieber den Himmel an." (S. 121, Z. 25 f.) Daraufhin bricht Ferdinand zusammen und zeigt statt Entrüstung Trauer über das Scheitern der Liebe, bevor er erneut auf maßlose und selbstgerechte Weise Luise angreift. Gerade als Luise erste Andeutungen über den Eid macht, konfrontiert er sie mit seiner Untat und fragt sie mehrmals, ob sie den Hofmarschall geliebt habe (vgl. S. 122,

Ferdinands Zweifel

Ferdinand gesteht Luise seine Untat

Z. 14–22, Z. 28–32, Z. 35–37). Bezeichnenderweise denkt Luise angesichts des Todes zunächst an ihre Familie, gerade an den verehrten Vater, bevor sie Gott darum bittet, Ferdinands Sünden zu vergeben (vgl. S. 123, Z. 26–28). Dies zeigt, wie sehr sie die herkömmliche Ordnung akzeptiert. Erst dann eröffnet sie, weil sie sich als Sterbende nicht länger an den Eid gebunden fühlt, Ferdinand ihre Unschuld, indem sie ihn über den Gang der Intrige aufklärt (vgl. S. 124, Z. 3–6, Z. 10–13).

Luises Tod Ferdinands Reaktion auf das Geständnis ist bezeichnend: Während Luise ihre letzten Atemzüge tut und dabei Gott um Vergebung für Ferdinand und seinen Vater anfleht, will dieser mit gezogenem Degen hinauseilen, um Luises Tod am Vater zu rächen (vgl. S. 124, Z. 14–23). Erst als sie tot ist, hält er inne. Seine Rede zeigt, dass sich seine Leidenschaft wieder einmal in ihr Gegenteil verkehrt hat: Luise ist ihm jetzt ein „Engel des Himmels" (S. 124, Z. 27). Ihrem Gott ordnet er sich unter und spricht von Gnade für seinen Vater, „de[n] verruchtesten der Mörder" (S. 124, Z. 30).

Fünfter Akt, Letzte Szene, beim Musikanten

Vor dem „Richter der Welt" (S. 126, Z, 8) Der Präsident, Wurm und einige Diener, Miller und allerlei Schaulustige betreten die Wohnung. Auf diese Art wird Öffentlichkeit hergestellt und die Szene erhält Tribunalcharakter (vgl. S. 125, Z. 1–4, Szenenüberschrift). Sobald der Präsident, offensichtlich durch Ferdinands Brief über dessen Vorhaben informiert, die Wohnung betritt, erhebt der Sohn Anklage („So *sieh*, Mörder!", S. 125, Z. 7f.). Seine eigene „zürnende Liebe" (S. 125, Z. 17f.) habe den Intriganten einen Strich durch die Rechnung gemacht – mit der Folge allerdings, dass Luise ihr Opfer wurde! Als der entsetzte Miller vor seine tote Tochter tritt, macht Ferdinand seinen Vater verantwortlich: „Ich bin unschuldig – Danke *diesem* hier." (S. 125, Z. 32) Während der brave Miller nur noch Jesus anrufen kann, bevor er ohnmächtig wird, fährt Ferdinand mit seiner Anklage fort. Er gesteht, einen Mord begangen zu haben, für den er sich beim Jüngsten Gericht zu verantworten haben wird. Aber die schwerere Schuld liege bei seinem verbrecherischen Vater, der sich dafür beim „Richter der Welt" (S. 126, Z. 8) verantworten soll. Sogleich wendet sich der Präsident Richtung Himmel und versucht, den Richtergott von seiner Unschuld zu überzeugen. Der eigentlich Schuldige sei der intrigante Wurm. Dieser weist die Schuld ebenfalls von sich und kündigt an, die Verbrechen des Präsidenten aufzudecken, bevor er von den Gerichtsdienern abgeführt wird. Miller, der, während Wurm und die beiden Adeligen sich gegenseitig die Schuld zugeschoben haben, stumm um seine geliebte Tochter getrauert hat, gibt Ferdinand zornig sein Geld zurück und verlässt das Haus.

Der sterbende Ferdinand wird schließlich neben Luise niedergelassen. Einerseits hofft er, die Geliebte im Jenseits wiederzutreffen, andererseits gehört sein letzter Blick „Gott dem Erbarmenden" (S. 127, Z. 21), an den sich schon die sterbende Luise gewendet hat. Wie diese und nach dem Vorbild des sterbenden Erlösers vergibt er seinem Vater, der sich, kurz bevor der Vorhang fällt, als Gefangener abführen lässt.

Ferdinand verzeiht seinem Vater

Konsequenterweise endet das Drama dort, wo es begonnen hat: im Bereich der bürgerlichen Familie, die durch die Intrige und durch Ferdinands Hybris schweren Schaden genommen hat. Während Miller kaum zu Wort kommt und mit sprachlosem Entsetzen auf den Tod Luises reagiert, gelangt der Vater-Sohn-Konflikt in der adeligen Familie zum Höhepunkt: Sterbend rechnet Ferdinand mit seinem Vater ab und ruft dabei zunächst den Richtergott des Alten Testaments, dann den Erlöser des Neuen Testaments an. Somit wird klar, dass Ferdinand seiner Liebesreligion entsagt und sich den traditionellen religiösen Vorstellungen Luises unterordnet.

Funktion der Szene

Hintergründe

Der historische Kontext

Das Heilige Römische Reich Deutscher Nation

Schillers Lebensspanne deckt sich mit der Endphase des Heiligen Römischen Reiches Deutscher Nation, das im Zuge der Französischen Revolution und der Napoleonischen Kriege zusammenbrach. Dieses „Alte Reich" verstand sich als Universalreich in der Nachfolge des Römischen Reiches. Zwar beanspruchte der deutsche Kaiser den Vorrang vor den anderen europäischen Königen, aber schon der Dreißigjährige Krieg (1618–1648) hatte die Schwäche dieses Staatsgebildes gegenüber Mächten wie Schweden oder Frankreich gezeigt. Von der inneren Organisation her war das Alte Reich kein einheitlicher Nationalstaat im modernen Sinne. Neben dem Kaiser als zentrale Instanz traten die Reichsstände – wie Kurfürsten, Grafen und Freiherren oder die Freien Reichsstädte –, die alle im Reichstag vertreten waren. Dieses Gremium war eine der wenigen einheitlichen Institutionen des Reiches. Dementsprechend verstanden sich auch die Untertanen der jeweiligen Reichsstände beispielsweise als Württemberger, Bayern oder Preußen.

Absolutismus und Territorialstaaten

Die Landesherren (z. B. Kurfürsten, Fürsten, Grafen) in den einzelnen Territorialstaaten wie Preußen, Bayern oder Württemberg waren weitgehend souverän. Ihre Regierungsweise lässt sich als absolutistisch bezeichnen, ihnen ging es also um eine möglichst uneingeschränkte Machtstellung innerhalb ihrer Gebiete. Sie verfügten beispielsweise über eigene Armeen und bauten stehende Heere auf. Eine eigene Justiz und ein auf sie zugeschnittener Verwaltungsapparat waren weitere Säulen ihrer Macht. Nach dem Vorbild des französischen Königs Ludwig XIV. intensivierten sie das höfische Leben und bauten oft prunkvolle Residenzen.

Das Herzogtum Württemberg, in dem Schiller aufwuchs, war ein mittelgroßer Territorialstaat, der seit 1745 von Herzog Carl Eugen regiert wurde. Obwohl sein Land nur ca. 600 000 Einwohner hatte, galt seine Hofhaltung vielen Zeitgenossen als die prächtigste in ganz Europa. Über den Ausbau seiner Residenz hinaus hatte der Herzog den Ehrgeiz, seinen Hof zum kulturellen Mittelpunkt zu machen: Dazu gehörten aufwändige Opern- und Ballettaufführungen mit hochkarätigen Künstlern ebenso wie rauschende Feste und Bälle, die sich über Tage und Wochen hinzogen und für die Unsummen an Geld verschwendet wurden.

Prachtentfaltung am württembergischen Hof

Um den Staat vor dem Ruin zu bewahren, verstärkte der Fürst den Zugriff auf seine Untertanen, die finanziell ausgepresst und zu Hilfsdiensten (z. B. bei Jagden) verpflichtet wurden. Wie viele Fürsten versuchte er, seine kostspielige Hofhaltung schließlich durch den Verkauf von jungen Soldaten („Landeskinder") an Krieg führende Nationen – namentlich die Briten – im amerikanischen Unabhängigkeitskrieg zu finanzieren. Carl Eugen versprach den Briten auf einer Londonreise 3000 Mann, obwohl er nach Meinung von Experten derart überschuldet war, dass er deren Ausrüstung nicht hätte finanzieren können. Schiller greift diese Problematik in seiner „Kammerdienerszene" (II,2) auf.

Die Untertanen zahlen die Zeche

Frauen wurden an den Höfen tendenziell als Sexualobjekte betrachtet. Dementsprechend aufreizend hatte ihr äußeres Erscheinungsbild zu sein. Besonders traf dies auf die Mätressen zu. Sich eine offizielle Geliebte „halten" zu dürfen, galt als Privileg des Adels. Carl Eugen soll sich etliche einheimische und ausländische Geliebte „gehalten" haben. Diese Thematik kommt im Dialog zwischen Ferdinand und der Lady Milford zur Sprache (vgl. II,3), die im Drama die Mätressenproblematik verkörpert. Ihr historisches Vorbild war Carl Eugens Geliebte Franziska von Hohenheim, die einen mäßigenden Einfluss auf den triebhaften Herzog ausübte.

Die Stellung der Frau am Hofe

Das Bürgertum Durch die territoriale Zersplitterung und wirtschaftliche Unterentwicklung Deutschlands blieb das Bürgertum politisch ohnmächtig. Der Aufbruch in die bürgerliche Gesellschaft fand daher zunächst nur in der Philosophie und in der Literatur statt. An erster Stelle ist hier der Königsberger Philosoph Immanuel Kant (1724–1804) zu nennen, dessen „kategorischer Imperativ" den Menschen als vernunftbegabtes Wesen aufforderte, seine Handlungen auf deren ethische Vertretbarkeit hin zu prüfen. In Abgrenzung zum Adel wurde ein eigenes gesellschaftliches Ideal entwickelt, das das zunehmende Selbstbewusstsein des Bürgertums widerspiegelte. Statt Herkunft und Geblüt sollten geistige, moralische und wirtschaftliche Fähigkeiten den Stellenwert des Einzelnen bestimmen. Dementsprechend wurde das lasterhafte und ritualisierte Hofleben angeprangert. Die bürgerliche Familie sollte ein Gegenpol sein, der Platz bot für Geborgenheit und häusliches Glück. Garant dieser Ordnung war ein patriarchalischer Vater, der sich um das materielle und seelische Wohlergehen seiner Familie sorgte. Das bürgerliche Trauerspiel (s. S. 71 ff.) gab dieser Entwicklung die bekannteste künstlerische Form.

Lebensstationen des jungen Schiller

Kindheit Friedrich Schiller wurde am 10. November 1759 in Marbach am Neckar im damaligen Herzogtum Württemberg geboren. Seine Mutter Elisabeth (1732–1802) war die Tochter eines Marbacher Wirtes, sein Vater Johann Kaspar (1723–1796) war zunächst als Wundarzt, später als Offizier in der Armee Herzog Carl Eugens tätig und brachte es schließlich bis zum Verwalter der herzoglichen Hofgärtnerei auf der Solitude, einem Lustschloss in Ludwigsburg. Zur Zeit von Schillers Geburt zog der Vater mit seiner Einheit und begleitet von seiner Familie von einer Garnisonsstadt in die nächste, bis er 1763 als Werbeoffizier nach Schwäbisch Gmünd versetzt wurde. Dort verbrachte Friedrich Schiller seine Kindheit und erhielt ab 1765 auch Unterricht bei einem Pfarrer, der ihn in Latein unterwies und in dem Jungen den Wunsch weckte, Geistlicher zu werden.

Schillers Vater Johann Karl Schiller (1723 – 1796)

Der tüchtige und autoritäre Vater herrschte als Patriarch über die Familie. Dabei ließ er sich von Pflichtbewusstsein, Ordnungssinn und Rechtschaffenheit leiten. Dass der junge Schiller diese väterliche Ordnung internalisiert hatte, zeigt sich in seinen frühen Dramen: Sowohl beim Stück „Die Räuber" als auch beim Drama „Kabale und Liebe" zieht die Zerrüttung dieser Ordnung eine Katastrophe nach sich. Ende 1766 siedelte die Familie in die Residenzstadt Ludwigsburg um, wo Schiller bis zum Schulabschluss 1772 die Lateinschule besuchte.

Der Wunsch nach einem Theologiestudium blieb unerfüllt, da der württembergische Herzog 1773 den begabten Offizierssohn an seine Karlsschule auf Schloss Solitude bei Gerlingen beorderte, wo er Jura studieren musste. Die Karlsschule sollte der Heranbildung einer funktionierenden Landeselite dienen, die dem Herzog persönlich verpflichtet war. Zu diesem Zweck sollten familiäre Bindungen durch strenge Abschottung gelockert werden. Interessanterweise spielten in der Akademie Standesunterschiede keine Rolle, da für den Herzog lediglich Leistung zählte. Schiller wurde zum tüchtigen Studenten, der sich jedoch innerlich gegen das herrschende System aus Subordination ((unterwürfiger) Gehorsam) und Disziplin, gegen den Uniformzwang und die Ab-

An der Karlsschule

schottung nach außen hin auflehnte. Zum besseren Verständnis seiner Person und seiner frühen Werke ist wichtig zu wissen, dass Schiller fürstliche Macht persönlich und aus nächster Nähe erlebt hat. Er konnte seinen Landesfürsten, der sich als Oberhaupt seiner großen Familie von Zöglingen betrachtete, sogar täglich zu Gesicht bekommen. 1775 wurde die Akademie nach Stuttgart verlegt und Schiller durfte statt Jura Medizin studieren, was ihn mehr interessierte, weil er sich davon psychologische und naturwissenschaftliche Erkenntnisse für seine dichterische Arbeit versprach.[1] Außerdem war die Medizin Ende des 18. Jahrhunderts eng mit der Philosophie verbunden. Kontrovers diskutiert wurde die Frage, inwieweit der Mensch beim Denken frei ist. Viele Mediziner betonten die Bestimmung des Menschen durch Triebe und seine Steuerung durch Sinneseindrücke. Ganz im Trend der Zeit beschäftigte sich Schiller in seinen insgesamt drei Dissertationen mit dem Verhältnis von Geist und Körper. Die dritte heißt bezeichnenderweise „Versuch über den Zusammenhang der tierischen Natur des Menschen mit seiner geistigen". Nach zwei abgelehnten Dissertationen wurde 1780 seine dritte schließlich angenommen und Schiller Ende des Jahres aus der Akademie entlassen. Als Militärarzt wurde ihm der Dienstort Stuttgart zugewiesen.

Der Durchbruch als Autor
Daneben stellte er in diesem Jahr das 1777 begonnene Drama „Die Räuber" fertig, das Mitte 1781 aufgrund seiner Tätigkeit als Militärarzt anonym und im Selbstverlag erschien. Finanziell war das Unternehmen kein Erfolg, womit Schillers Verschuldung begann. Auf Aufforderung von Heribert von Dalberg, Intendant des angesehenen Nationaltheaters im kurpfälzischen Mannheim, erarbeitete er eine Bühnenfassung des Stücks. Anfang 1782 wurde die Uraufführung zu einem großen Erfolg und Schiller, der inkognito[2] anwesend

---

[1] Siehe dazu mehr bei „Themen des jungen Schiller" (S. 63ff.).
[2] inkognito: unerkannt, unter Geheimhaltung seines Namens

Friedrich Schiller

war, mit einem Schlag als Schriftsteller bekannt. Im Mai reiste er erneut unerlaubt nach Mannheim, um mit von Dalberg über eine Anstellung als Theaterautor zu verhandeln, weswegen er bei der Rückkehr verhaftet wurde.

Da der Herzog ihm jede **Die Flucht** schriftstellerische Tätigkeit verbot, floh Schiller ins kurpfälzische Mannheim und später in die Reichsstadt Frankfurt. Im Ort Oggersheim bei Worms in der Kurpfalz schrieb er an neuen Werken – in ständiger Furcht vor den Schergen des württembergischen Herzogs, da er in Württemberg inzwischen als Deserteur galt. Da er seine Verhaftung und Auslieferung fürchtete, reiste Schiller weiter nach Thüringen. In Bauerbach bei Meiningen fand er unter dem Schutz der Freifrau Henriette von Wolzogen Zuflucht. In deren Tochter Charlotte verliebte Schiller sich unglücklich – als armer Poet war er kein standesgemäßer Heiratskandidat. Die Wirkung von Standesschranken auf Bindungswünsche erfuhr er also am eigenen Leib. Im Sommer 1783 reiste Schiller wieder nach Mannheim, wo er von von Dalberg als Theaterdichter angestellt wurde. Da sein Vertrag nach einem Jahr nicht verlängert wurde, überlegte Schiller angesichts seiner drückenden Schulden ernsthaft, zur Medizin zurückzukehren. Eine Einladung von wohlsituierten Verehrern aus Leipzig befreite ihn aus seiner finanziellen Notlage. Mit der Abreise nach Osten 1785 endete die äußerlich bewegteste Zeit im Leben Schillers, auch wenn er noch lange sehr arm blieb. Daran änderte sich zunächst nichts, als er 1789 eine Professur als Historiker in Jena annahm. Ein Stipendium von Verehrern linderte dann seine Notlage. 1790 heiratete er Charlotte von Lengefeld. Aus dieser Ehe gehen vier Kinder hervor. In Jena befand sich Schiller unweit Weimars und in der Nähe Goethes, mit dem er befreundet sein wollte. Ab 1794 begann der Austausch der beiden Dichter, aus dem sich bald die ersehnte Freundschaft entwickelte, sodass Schiller 1799 mit seiner Familie nach Weimar übersiedelte. Die Zusammenarbeit Goethes und Schillers trug maßgeblich zur Entstehung der Weimarer Klassik bei. Derart angespornt verfasste der durch Krankheit geschwächte Schiller bis zu seinem frühen Tod am 09.05.1805 berühmte Dramen wie „Wallenstein" oder „Maria Stuart", die ihn zum bekanntesten deutschen Dramatiker machten.

Freundschaft mit Goethe

Postkarte zu Schillers 100. Todestag mit Porträts von ihm und seiner Frau Charlotte (1905)

Themen des jungen Schiller

In der Karlsschule begeisterte Schiller sich für Friedrich Gottlieb Klopstock (1724–1803), den Verfasser des Epos „Messias", der ab 1755 die deutsche Literaturszene dominierte. Klopstocks Ehrgeiz ging weit über die bloße Wiedergabe religiöser Erzählungen hinaus, er wollte diese poetisch überformen. Ein Dichter, der sich daran versuchte, musste für Klopstock Genie und Herz haben. Damit begann eine Zeit des gesteigerten Selbstbewusstseins von Dichtern, die in der deutschen Öffentlichkeit einen immer stärkeren Stellenwert einnahmen. Klopstock war gerade bei der Jugend so erfolgreich, weil er sich mit seinem empfindsamen, gefühlsbetonten und schwärmerischen Stil von der Literatur der früheren Aufklärung abgrenzte, für die Dichtung nach genauen und „vernünftigen" Regeln zu funktionieren hatte und menschliche Leidenschaften mäßigen sollte. Ihm gelang es, eine Sprache für Gefühle und Leidenschaften zu finden. Klopstock beeinflusste Schillers frühe Schreibversuche und verstärkte dessen Leidenschaft für Literatur. Gegen diesen neuen Typus des Schriftstellers wettert Miller im Drama „Kabale und Liebe".

Frühe literarische Einflüsse: Klopstock …

Ab 1776 wurde Schiller von seinem Lehrer Jakob Friedrich Abel mit den wichtigsten Köpfen, Werken, Vorbildern und Theorien des Sturm und Drang bekannt gemacht. Im Zentrum dieser Bewegung stand der Geniebegriff, in Deutschland galt der Künstler als „Prometheus"[1] und zweiter Schöpfer.[2] Der britische Dramatiker Shakespeare (1564–1616) war für viele die vollkommenste Verkörperung des Genies, da er sich nicht an Regeln gehalten, sondern eigene Regeln ge-

… und Sturm und Drang

---

[1] Prometheus: himmelstürmender, kraftstrotzender Titanensohn der griechischen Sage. Der Sage nach schuf er die Menschen aus Ton und wurde dafür von den Göttern bestraft. Später brachte er den Menschen das Feuer.

[2] Der erste Schöpfer ist nach dieser Sichtweise Gott.

setzt habe. Schiller soll dessen Werke regelrecht verschlungen und damit zugleich seine Kenntnisse der menschlichen Psyche vertieft haben. „Genie" war für viele Zeitgenossen Schillers auch ein Kampfbegriff gegen eine als erstarrt wahrgenommene Ordnung, die geprägt war von Konventionen, Anpassungszwang, Unterwürfigkeit sowie den Zwängen des Erwerbslebens. Damit bot diese den Gefühlen und dem Erleben des Einzelnen zu wenig Raum. Sprachrohr der dagegen gerichteten Bewegung war der Philosoph Johann Gottfried Herder (1744–1803), dem zufolge die Bedingungen aller natürlichen und menschlichen Entwicklung weniger erkannt als gefühlt werden können. Schöpfung, auch die literarische Produktion, kann nach dieser Sichtweise nicht kausal erklärt werden, sondern beinhaltet irrationale Elemente. Erst das Gefühlte und Erlebte könne vom Menschen verstanden werden. Das Genie sei angeboren, benötige aber eine stimulierende Umgebung. Dementsprechend solle die Bildung so reformiert werden, dass sich jeder Mensch auf Grundlage seiner individuellen Voraussetzungen entwickeln könne. Dazu im Widerspruch standen sowohl die Zustände an Schillers Karlsschule als auch die allgemeinen Zustände im Herzogtum. Der Sturm und Drang ergänzte und modifizierte zudem den Vernunftbegriff der Aufklärung. An die Stelle einer allgemeingültigen Vernunft trat die individuelle Vernunft, die sich auf das Individuelle und Einzigartige im Menschen konzentrierte. Nicht umsonst entgegnet Ferdinand im Drama seinem Vater: „In meinem *Herzen* liegen alle meine Wünsche begraben." (S. 29, Z. 19 f.)

Philosophie der Aufklärung

Schillers Abscheu gegen den herzoglichen Despotismus und die alltägliche schulische Unterdrückung verstärkte sich durch seine Lektüre der Staatsrechtslehren der Aufklärung. Philosophen wie Rousseau (1712–1778) oder Voltaire (1694–1778), aber auch der antike griechische Schriftsteller Plutarch (45–um 125) lieferten dem jungen Studenten politische Begründungen für seine Empörung. Über

Plutarch machte er sich einerseits mit der Biografie großer antiker Staatsmänner bekannt, andererseits erhielt er so Einblick in die Staatslehre der Antike und die republikanische Gedankenwelt. Die Lektüre von Rousseau machte Schiller mit dem Konzept der Menschenrechte sowie mit dessen Gesellschaftsvertrag vertraut. Diese Idee entzog despotischen Herrschaftsformen wie dem Absolutismus mit seinem angeblichen Gottesgnadentum die Legitimation. An ihrer Stelle sollte ein Gemeinwille stehen, der die Grundlage für Rousseaus Gesellschaftsvertrag bildet. Dieser Vertrag soll die Freiheit, die der Mensch im Naturzustand hatte, in einer entstehenden Gesellschaft garantieren. Im Drama kam Ferdinand anscheinend an der Universität mit diesem Gedankengut in Berührung (vgl. S. 58, Z. 15–23). Der Einfluss dieser Ideen auf ihn wird besonders in der Auseinandersetzung mit Lady Milford deutlich (vgl. S. 41, Z. 2 f.).

In Schillers frühen Dramen schlägt sich seine medizinische Ausbildung in einer drastischen Sprache mit körperbezogener Bildlichkeit nieder. Zudem stellt er äußerst genau die Erregungszustände seines dramatischen Personals dar (vgl. S. 53, Z. 31–33). Bedenkt man Schillers Ausbildung, lässt sich das Drama „Kabale und Liebe" auch als Experimentalanordnung deuten, die der „Aufdeckung der Anatomie einer Leidenschaft"[1] dient: Ist die Liebe nur durch die äußeren Umstände und Hemmnisse gefährdet oder ist es nicht auch der Absolutheitsanspruch der Liebe, der ihr zu schaffen macht?

Der Mediziner Schiller

Schillers erstes veröffentlichtes Werk war das Drama „Die Räuber". Es handelt von Karl und Franz Moor, zwei extrem gegensätzlichen Söhnen eines schwachen Vaters. Der erstgeborene Karl, der Held des Dramas, ist eigentlich der Liebling seines Vaters. Als sich infolge einer Intrige seines hässlichen und abstoßenden Bruders Franz sein Vater von ihm abwendet, glaubt der gekränkte Karl nicht mehr an eine

Der junge Schriftsteller

---

[1] Rüdiger Safranski, Bonn 2004, S. 174

gerechte Weltordnung und gerät auf die schiefe Bahn. Er fordert schrankenlose Freiheit für sich und wird Räuberhauptmann, eigentlich mit dem Ziel, damit den Armen zu helfen. Aber er kann seine Truppe nicht kontrollieren, verstrickt sich selbst in tiefe Schuld und gibt sich, weil er Verantwortung für seine Taten verspürt, am Ende in die Hände der Gerichtsbarkeit.

Weniger Erfolg hatte Schillers Zweitwerk „Die Verschwörung des Fiesco von Genua", das den bezeichnenden Untertitel „Ein republikanisches Trauerspiel" trägt. Darin thematisiert Schiller die Faszination der Macht anhand einer Begebenheit aus dem Italien der Renaissancezeit. Der junge Graf Fiesco wird zum Kopf einer Verschwörung gegen den tyrannischen Herzog von Genua. Die Mitverschwörer zweifeln jedoch an Fiescos Integrität. Auch er selbst muss sich darüber klar werden, ob er der republikanischen Partei zum Sieg verhelfen soll oder selbst Herzog werden möchte. Sogar der Autor schwankt in dieser Frage: In der Buchfassung strebt Fiesco nach der Macht und wird von den Mitverschwörern ermordet, in der Bühnenfassung tritt er nach erfolgreicher Verschwörung für die Errichtung einer Republik ein.

In beiden Werken geht es also um Freiheit und Verantwortung am Beispiel überlebensgroß gezeichneter adeliger Charaktere. Das Verschwörungsmotiv verbindet beide mit dem Drama „Kabale und Liebe".

Entstehungsgeschichte des Dramas „Kabale und Liebe"

Das Drama als Spiegel zeitgenössischer Zustände

Das Drama „Kabale und Liebe" ist keine künstlerische Bearbeitung eines bestimmten historischen Falles. In den vorherigen Kapiteln wurde aber bereits gezeigt, wie die zeitgenössischen Zustände in Deutschland und speziell im

Herzogtum Württemberg Schillers Leben und Schaffen generell beeinflusst haben.

Daneben gab es zahlreiche literarische Einflüsse und Vorbilder. Zum einen ein anrührendes Familienschauspiel des Reichsfreiherrn Otto von Gemmingen namens „Der deutsche Hausvater" (1780), das die Probleme eines adeligen Hausherrn thematisiert. So liebt Graf Karl, einer seiner Söhne, die Tochter des Malers, bei dem er Zeichenstunden nimmt. Doch der Maler möchte seine Tochter nicht über die Standesgrenzen hinweg verheiraten. Graf Ferdinand, der andere Sohn, ist von weicher, schwärmerischer Natur, soll aber nach dem Willen des Vaters beim Militär Karriere machen. Ähnlich wie beim Drama „Kabale und Liebe" wechselt der Schauplatz zwischen den Palais der Adeligen und der Bürgerstube. Das Stück endet jedoch anders als „Kabale und Liebe" für alle Beteiligten glücklich.

Zum anderen orientierte sich Schiller an Lessings berühmtem Trauerspiel „Emilia Galotti" (1772). Darin begehrt der wollüstige Herrscher eines italienischen Kleinstaates die tugendhafte Emilia, die den Grafen Appiani heiraten will. Unterstützung erhält der Fürst von seinem intriganten Diener Marinelli, der Appiani auf dem Weg zur Hochzeit ermorden lässt. Emilia wird auf ein Lustschloss des Fürsten gebracht. Dort lässt sie sich schließlich von ihrem Vater ermorden, weil sie fürchtet, der Anziehungskraft des Fürsten zu erliegen und seine Mätresse zu werden. Wie in „Kabale und Liebe" tritt auch im Stück von Lessing mit der Gräfin Orsina eine machtbewusste Mätresse auf, der Vater Odoardo ist ähnlich auf seine Ehre bedacht wie Miller, die Mutter Claudia ist vergleichbar schwach und aufstiegsorientiert wie die Millerin. „Emilia Galotti" ist ein bürgerliches Trauerspiel, das adelige Lasterhaftigkeit und Willkür kritisiert und bürgerliche Tugendvorstellungen aufwertet. Dennoch werden auch diese problematisiert, denn schließlich kann Emilia ihre Reinheit nur durch ihren Tod bewahren.

Literarische Einflüsse auf die Entstehung von „Kabale und Liebe"

von Gemmingens „Der deutsche Hausvater"

Lessings „Emilia Galotti"

Laut A. Streicher (Studienkollege) wollte Schiller mit „Kabale und Liebe" testen, „ob er sich auch in die bürgerliche Sphäre herablassen könne". Das Genre des rührenden Familienstücks war zu dieser Zeit sehr populär in Deutschland: Neben der Aufmerksamkeit der Öffentlichkeit erhoffte Schiller sich eine Verbesserung seiner finanziellen Situation. Nach einem Bericht von Caroline von Wolzogen (Schwägerin) soll Schiller die ersten Planungen für das Drama während seiner Inhaftierung im Mai 1782 gemacht haben. Sie erklärte sich damit „die etwas grellen Situationen und Farben dieses Stückes". Auch auf der Flucht von Mannheim nach Frankfurt soll sich Schiller nach Aussage seines Begleiters unablässig mit dem Drama beschäftigt haben. In Oggersheim versuchte Schiller dann, die Figuren des Stücks den Persönlichkeiten der Mannheimer Schauspieler anzupassen, um eine authentischere und intensivere Wirkung zu erzielen. In Bauerbach in Thüringen erstellte Schiller am 14.01.1783 die ersten Fassungen von „Louise Millerin", wie das Stück zunächst heißen sollte. Davon ist heute noch das „Bauerbacher Fragment" enthalten. Als der Mannheimer Intendant von Dalberg endlich Interesse zeigte, arbeitete Schiller das Stück erneut um und änderte seinen Titel auf Anraten des einflussreichen Schauspielers A. W. Iffland in das publikumswirksamere „Kabale und Liebe". Gleichzeitig verlagerte er damit den Fokus weg von der bürgerlichen Protagonistin hin zum Kern des Konfliktes. Im Januar 1784 erschien eine erste Druckfassung, die für die Mannheimer Erstaufführung am 15.04.1784 umgearbeitet wurde („Varianten des Mannheimer Soufflierbuches").

Kunsttheorie des jungen Schiller

Schillers bedeutende ästhetische Schriften wie seine Abhandlung „Über Anmut und Würde" (1793) oder seine

Briefe „Über die ästhetische Erziehung des Menschen"
(1795), mit denen er das klassische Bildungsideal mitbe-
gründete, entstanden erst nach der Vollendung des Dramas „Kabale und Liebe". Aufschlussreicher für das Verständnis dieses Stücks ist sein Aufsatz „Die Schaubühne als
eine moralische Anstalt betrachtet" von 1784.

Darin erklärt er das Theater zur dritten Säule einer Gesellschaft neben den politischen Gesetzen und der Religion.
Als moralische Anstalt soll das Theater mit dem Staat auf
gleicher Stufe stehen und dessen Defizite bei der Verfol-
gung von Unrecht ausgleichen. Berühmt geworden ist die
folgende Formulierung: „Die Gerichtsbarkeit der Bühne
fängt an, wo das Gebiet der weltlichen Gesetze sich endigt.
Wenn die Gerechtigkeit für Gold verblindet […], wenn die
Frevel der Mächtigen ihrer Ohnmacht spotten […], übernimmt die Schaubühne Schwert und Waage und reißt die
Laster vor einen schrecklichen Richterstuhl."[1]

> Das Theater als Moralinstanz

Die Bühne erhält in dem von aufgeklärtem Gedankengut
geprägten Aufsatz die Aufgabe, den Einzelnen zu belehren
und sittlich zu bessern, indem ihm menschliche Tugenden
und Laster vorgeführt werden. Nachdem sie sittlich erzo-
gen worden sind, sollen die derart geläuterten Theaterbe-
sucher ihre neu gewonnenen und verfeinerten Moralbe-
griffe im ganzen Staat verbreiten. Damit soll die ganze
Gesellschaft verbessert werden.

Neben diesem praktischen Nutzen hat die Schaubühne
aber auch noch eine andere Aufgabe. Sie ermöglicht ästhetische Erfahrungen jenseits aller Zweckorientierung. Das
Theater bietet dem Zerstreuung suchenden Menschen
sinnliche Reize und eröffnet ihm eine neue Welt abseits der
Realität, in der er unbekannte Verhaltensweisen und Emp-
findungen kennenlernen und Empathie zeigen kann:

---

[1] Friedrich Schiller: Sämtliche Werke, Bd. 5, Darmstadt 1993, S. 823

„Die Schaubühne ist die Stiftung [...], wo keine Kraft der
Seele zum Nachteil der anderen gespannt, kein Vergnügen
auf Unkosten des Ganzen genossen wird. [...] in dieser
künstlichen Welt träumen wir die wirkliche hinweg, wir
werden uns selbst wiedergegeben, unsere Empfindung er-
wacht, heilsame Leidenschaften erschüttern unsere schlum-
mernde Natur und treiben das Blut in frischeren Wal-
lungen.“[1]

Zweifel am Konzept

Das Konzept des Theaters als moralischer Anstalt scheint
auf den ersten Blick gut auf „Kabale und Liebe" zu passen.
Das Stück stellt Laster vor und weckt die Empörung des
Zuschauers darüber. In der letzten Szene werden die Schur-
ken des Stücks vor den Richterstuhl gebracht. Man darf
aber nicht übersehen, dass Schiller selbst stark an der von
ihm selbst behaupteten Wirkungsmacht des Theaters zweifelte. Denn im gleichen Aufsatz stellte er fest, dass das Theater die Summe der Laster auf der Welt nicht reduzieren,
sondern diese nur öffentlich machen könne. In einem Aufsatz von 1782 hatte er dem Theater sogar jede sittlich ver-
edelnde Wirkung abgesprochen und dabei auch die Zuschauer kritisiert, die hauptsächlich Ablenkung suchten
und sich an den attraktiven Schauspielerinnen ergötzten.
Zuerst müssten sich daher die Zuschauer bilden, bevor das
Theater überhaupt moralisch wirken könne.

Ästhetische Empfehlungen

Als wesentlicher sah er an, dass sich die Arbeit der Autoren
und der Schauspieler verbessert, da seiner Meinung nach
kein Zuschauer mit einem schlecht gezeichneten oder gespielten Helden mitleiden kann. Zu diesem Zweck gab er
ästhetische Empfehlungen. In starker Abgrenzung zu den
Autoren der französischen Klassik wie Pierre Corneille
(1606–1684) forderte er die Natürlichkeit der Darstellung
ein, an den englischen Autoren wie William Shakespeare
(1564–1616) bemängelte er den Hang zur Übertreibung,

---

[1] ebd., S. 831

den fehlenden Blick fürs Detail und ein mangelndes Formbewusstsein. Die Aufgabe der deutschen Dichter sei es, beide Extreme auszugleichen, um eine Synthese zwischen Natur und Form zu finden. Damit knüpfte er an Lessings Kunsttheorie an, für den Einheitlichkeit, Natürlichkeit und Wahrscheinlichkeit Kennzeichen eines gelungenen Dramas waren. „Kabale und Liebe" ist ein weitaus formbewussteres Drama als Schillers Debütwerk, allerdings passen die Betonung von Gefühl und Ausdruck, sein Pathos nicht zum Natürlichkeitsstreben des aufklärerischen Dramas.

Dramenkonzeption

Zusammen mit Lessings „Emilia Galotti" ist „Kabale und Liebe" das bekannteste Beispiel der literarischen Gattung des bürgerlichen Trauerspiels, die ab der Mitte des 18. Jahrhunderts entstanden ist. Ihre Protagonisten waren Bürger. Familiäre und zwischenmenschliche Probleme, Fragen der Moral und bald auch der Ständegegensatz zwischen Adel und Bürgertum waren dominierende Themen. Diese werden auch im Drama „Kabale und Liebe" verarbeitet, wobei Schiller großen Wert auf die Gegenüberstellung von privater Bürgerwelt und der öffentlich-politischen Sphäre am Hofe legt: Die Schauplätze wechseln zwischen Adel und Bürgertum, das Personal ist gemischt und die Redeweisen sind dem jeweiligen Stand angepasst. Bei der Analyse muss man sich vor allzu schablonenhaften Gegenüberstellungen hüten: Nicht jeder der auftretenden Bürger orientiert sich immer an bürgerlichen Wertvorstellungen und auch Adelige können nach bürgerlichen Verhaltensmustern handeln. Zudem problematisiert Schiller mit seinem Drama die Tragfähigkeit des Konstruktes der bürgerlichen Familie. Denn letztlich können die Eltern Luise nicht schützen und werden mitschuldig an ihrer Tragödie.

Bürgerliches Trauerspiel

Keine
Ständeklausel

Lessing, dem wir die Entstehung des Genres (bürgerliches Trauerspiel) verdanken, grenzte sich zum einen von der Tragödie der französischen Klassik ab, zum anderen von der Dramentheorie des deutschen Poetologen Gottsched, der wie die Franzosen die Tragödien der griechischen Antike (Euripides' „Iphigenie" und „Medea") als vorbildhaft ansah. Für beide Richtungen war die Einhaltung fester Regeln eine Voraussetzung für eine gelungene Tragödie. Dazu gehörte, dass die Protagonisten einer hohen Tragödie von Adel sein mussten, da angeblich nur deren Schicksal den Zuschauer erschüttern könne. Lessing kritisierte diese Ständeklausel: Seiner Meinung nach rührt uns am Schicksal eines Helden von hohem Adel nicht sein Stand, sondern der Mensch! Schiller folgte dieser Auffassung. Mit Luise begegnet uns eine tragische Figur aus dem Bürgertum. Auch der Kammerdiener verfügt trotz seines niedrigen Standes über genügend Fallhöhe, sodass der Zuschauer von seinem Schicksal gerührt sein kann. In diesem Sinne ist Schillers bürgerliches Trauerspiel der literarische Ausdruck einer Emanzipation des Bürgertums.

Individuelle
Figurensprache

Die Abgrenzung des bürgerlichen Trauerspiels von den höfischen Tragödien wird auch an der sprachlichen Form sichtbar. Bürgerliche Trauerspiele waren in Prosa statt in Versen verfasst und wirkten damit realitätsnäher. Das trifft auch für „Kabale und Liebe" zu, dessen Merkmal die Vielfalt der Sprachstile ist. Jede Figur hat ihre eigene Sprache, die ein Spiegel der Standeszugehörigkeit, des Charakters, der Gefühlslage und der Intelligenz des Einzelnen ist.

Geschlossene
Bauform

Trotz der Aufhebung der Ständeklausel und der Prosaform weist „Kabale und Liebe" viele Merkmale eines geschlossenen Dramas auf. Im Gegensatz zu einem offenen Drama wie Büchners „Woyzeck" wird ein einheitliches, in sich abgeschlossenes Handlungsganzes präsentiert. Der Handlungsverlauf ist weitgehend linear und vom Wechsel zwischen Spiel (die beiden Liebenden) und Gegenspiel (die Intriganten) geprägt. Die Szenen haben ihren festen Platz in der Gesamtkomposition und sind nicht austauschbar. Ausgelöst von einem Konflikt am Anfang läuft die Handlung auf ein bestimmtes Ziel hin. Somit kann das Stück außerdem als synthetisches Drama oder Zieldrama eingeordnet werden. Auch wenn auf Zeitangaben verzichtet wird, fehlen erkennbare Zeitsprünge und die Dramenhandlung findet in einer eng begrenzten Zeitspanne statt. Ebenso wird die aristotelische Forderung nach der Einheitlichkeit des Ortes gewahrt. Die Schauplätze konzentrieren sich auf insgesamt drei Orte in einer Residenzstadt. In dieser formalen Hinsicht ist „Kabale und Liebe" konventioneller als Schillers Erstling „Die Räuber", der in seiner Offenheit ein typisches Sturm-und-Drang-Drama ist. Der Handlungsverlauf des Stücks lässt sich mithilfe des bekannten Pyramiden-Schemas darstellen, das Gustav Freytag für das klassische Drama entwickelt hat.

Exposition (I,1–I,6): Vorstellung bürgerlicher u. adeliger Schauplätze sowie der Konflikt der gefährdeten Liebe
Steigende Handlung (I,7–III,3): Heiratsplan des Präsidenten scheitert vorerst, Wurm entwickelt die Kabale.
Höhepunkt und Wendepunkt (III,4–III,6): Bruch zwischen den Liebenden, Wurm zwingt Luise, den fingierten Liebesbrief zu verfassen.
Fallende Handlung mit retardierenden Momenten (IV,1–V,2): Lady Milford verzichtet auf Ferdinand, Miller bringt Luise vom Selbstmord ab, Luise verschweigt Ferdinand die Kabale.

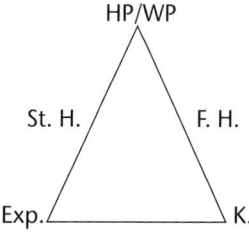

Katastrophe (V,6–Ende): Ferdinand vergiftet Luise und sich selbst.

Formale Geschlossenheit wird häufig mit einem geschlossenen Weltbild in Verbindung gebracht. Das heißt,

Geschlossenes Weltbild?

dass ein derartiges Drama sinnstiftend wirkt. In Schillers „Maria Stuart" gewinnt die Hauptperson dadurch Freiheit, dass sie ihr Schicksal (also das Todesurteil) annimmt, in Goethes „Iphigenie auf Tauris" gelingt der Protagonistin der Ausgleich zwischen Pflicht und Neigung. Für „Kabale und Liebe" gilt dies nicht: Zwar vergibt Luise am Ende ihrem Mörder Ferdinand, der seinerseits seinem Vater verzeiht. Zwar erkennt Ferdinand das Scheitern der Liebesreligion und ordnet sich Luises Richtergott unter. Zwar wird bei der letzten Szene Gericht gehalten über die Schuldigen. Offen bleibt jedoch, was die Alternativen sind: Die bürgerliche Familie ist ebenso im Ansehen geschädigt wie die adelige Welt. Ferdinands radikale Liebe führt in die Katastrophe und der unfreien Luise bleibt nur die Entsagung.

Wirkung und Rezeption des Dramas

Zeitgenössische Einschätzungen Obwohl die Mannheimer Erstaufführung am 15. April 1784 zur Freude des Dichters ein voller Erfolg wurde, flaute die Begeisterung am Nationaltheater bald ab. Denn es kam zu einem Machtkampf zwischen Schiller und den Mannheimer Schauspielern, die den Text für gekünstelt und seinen Autor für schwierig hielten, während Schiller sich beklagte, dass die Schauspieler zu frei und nachlässig mit der Textvorlage umgingen. Die zeitgenössische Kritik nahm das Stück uneinheitlich auf. Manche rühmten die Charakterzeichnung des Autors und seine Originalität und Lebendigkeit im Gegensatz zu der formalisierten hohen Tragödie. Andere Kritiker bemängelten, dass Schiller zu sehr an der Oberfläche bliebe und die Handlung – gerade Ferdinands Eifersucht – nicht ausreichend motiviert sei. Auch der pathetische Sprachstil Ferdinands wurde ebenso gerügt wie der derbe Stil Millers.

Im Gegensatz zum klassischen Spätwerk Schillers erfuhren seine ersten drei Stücke in der ersten Hälfte des 19. Jahrhunderts überwiegend Ablehnung. So beklagte der Literaturtheoretiker August Wilhelm Schlegel Schillers fehlende Weltkenntnis, die „peinlichen Eindrücke" und den „überspannten Ton". Außerdem seien Schillers frühe Dichtungen zu wenig eigenständig, die Vorbilder Lessing, Shakespeare und Goethe seien überdeutlich erkennbar. Andere beklagten die fehlende Natürlichkeit der Sprache, die fehlende Sinnhaftigkeit und den „Tendenzcharakter", das heißt die politische Ausrichtung des Stücks.

Ablehnung in der ersten Hälfte des 19. Jahrhunderts ...

Theodor Fontane, Schriftsteller des bürgerlichen Realismus und Literaturkritiker, lobte ungeachtet der Schwäche die „dramatische Gewalt" des Stücks mit seiner starken Wirkung auf die Zuschauer. Auch Vertreter des Naturalismus schätzten das Drama „Kabale und Liebe". Neben dessen Bühnenwirkung lobten sie hauptsächlich die sozialkritischen Züge. Für den bekannten marxistischen Literaturtheoretiker Franz Mehring ist das Drama zusammen mit „Emilia Galotti" „das revolutionärste Drama unserer klassischen Literatur". Zwar wird die Sprache teilweise als zu pathetisch bzw. übertrieben abgelehnt, aber die naturalistische, der historischen Wahrheit gemäße Charakter- und Milieuzeichnung wird gelobt. Nach Meinung der Marxisten war Schillers Drama gut geeignet, um das marxistische Theorem des Klassenkampfes zu illustrieren. Nach 1945 wurde in der DDR an diese Sichtweise angeknüpft.

... Zustimmung in der zweiten Hälfte

Im 20. Jahrhundert wurde das Stück an den deutschen Bühnen häufig inszeniert. Selbst Bertolt Brecht, der sich mit seinem Konzept des „epischen Theaters" entschieden vom „dramatischen Theater" Schillers abgrenzte, schätzte die fulminante Wirkung des Stücks.

Endgültiger Durchbruch in der ersten Hälfte des 20. Jahrhunderts

National-
sozialistische
Vereinnahmungs-
versuche

Die Nationalsozialisten versuchten, den Autor Schiller und das Stück „Kabale und Liebe" für ihre nationalistische und totalitäre Ideologie zu vereinnahmen, und konstruierten dazu abwegige Deutungen. In seinem Aufsatz „Schiller als Kampfgenosse Hitlers" sieht Hans Fabricius Luise als Personifikation der gedemütigten Seele des Volkes, die ihren Idealismus der Verkommenheit einer korrupten Oberschicht entgegensetzt, die es zu beseitigen galt. Dem Adeligen Ferdinand wird sachfremd eine nationalsozialistische Prägung unterstellt („Gott, Volk, Vaterland, Familie, – Blut und Boden, – Ehre, Heldensinn und wahre Freiheit, das waren die Werte, die seine deutsche Seele ihm als unveräußerlich kündete."[1]).

Andauernde
Erfolge nach dem
Zweiten Weltkrieg

Nach der traumatisierenden Erfahrung des Zweiten Weltkriegs fanden sich die Deutschen in dem pessimistischen und anklagenden Stück besonders wieder. Die Literaturwissenschaft setzte sich mit der Frage auseinander, ob das Werk politisch zu deuten sei oder ob das allgemeine Problem einer Liebe mit Absolutheitsanspruch seinen eigentlichen Gehalt ausmache. Die in der unmittelbaren Nachkriegszeit einflussreiche Existenzialphilosophie legte Letzteres nahe, bevor im Gefolge der Protestbewegung der „68er" wieder die gesellschaftskritische Bedeutung des Dramas „Kabale und Liebe" herausgestellt wurde. Seit Ende der 70er-Jahre ver-

Regietheater

ebbte der politische Ansatz und das „Regietheater" nahm sich des Stücks an. Darunter versteht man, dass ein Regisseur aufgrund eines eigenen künstlerischen Konzeptes wesentliche Elemente des Dramas wie Handlung, Zeit, Ort oder Figuren stark verändert. Ein Beispiel für diese Richtung ist die Inszenierung des Regisseurs Andreas Kriegenburg (2009). Er stellt die Liebe von Ferdinand und Luise in den Mittelpunkt des Dramas und interpretiert das Stück als Lobgesang auf das bedingungslose Zutrauen zweier Liebender: Das Gift

---

[1] Hans Fabricius: Schiller als Kampfgenosse Hitlers. Nationalsozialismus in Schillers Dramen. Berlin: Deutsche Kulturwacht, 2/1934, S. 33

schlecken beide in Form von Brausepulver, allerdings nimmt Ferdinand zu wenig davon und bleibt unerlöst von seiner Schuld zurück. Die politische Dimension des Stücks wird ausgeblendet. Als Bühnenbild dient lediglich ein heller Raum, der von weißen Tüchern durchweht wird. Schillers pathetische Theatersprache wird kombiniert mit neu entwickelten Dialogpassagen in zeitgenössischer Sprache.

Die aktuellste TV-Verfilmung des Dramas (2005) stammt von dem bekannten Filmregisseur Leander Haußmann („u. a. Sonnenallee"). Anders als bei vielen modernen Inszenierungen wird über weite Strecken sehr texttreu gearbeitet. Auch die Kostüme wie das gesamte Ambiente sind dem Rokoko, der Stilrichtung zur Zeit Schillers, nachempfunden. Haußmann stellt in seinem „Teenager Thriller" die Revolte zweier liebender Jugendlicher, die am Widerstand der Welt der Väter scheitert, in den Mittelpunkt.

Leander Haußmanns Verfilmung

Luise und Ferdinand schlecken Brausepulver.
(Düsseldorfer Schauspielhaus 2009)

Das Drama „Kabale und Liebe" in der Schule

Der Blick auf die Figuren: Die Personencharakterisierung

Eine literarische Figur charakterisieren – Tipps und Techniken

In einer literarischen Charakterisierung analysiert man neben den äußeren Merkmalen besonders die inneren Wesenszüge einer literarischen Person, um so zu einer Gesamtinterpretation dieser Figur zu kommen. Wichtig ist, dass alle Elemente der Charakterisierung – wie äußere Merkmale, charakterisierende Aussagen sowie weiterführende Deutungen – auf der Textvorlage basieren müssen. Bei einem Drama sind neben den Figurenreden dabei auch die Regieanweisungen zu untersuchen. Mit direkten und indirekten Textbelegen lassen sich die Aussagen über die zu charakterisierende Figur nachvollziehbar begründen.

Die folgenden Aspekte und Leitfragen sind als „Checkliste" eine Hilfe für die Erarbeitung einer literarischen Charakterisierung, die anhand der genannten Aspekte strukturiert werden kann:

1. Personalien und sozialer Status
- Was erfahren wir über den Namen, das Geschlecht und das Alter der Figur?
- Werden auffällige äußere Merkmale beschrieben?
- Welchen Beruf hat die Figur, wie sind ihre Lebensverhältnisse und ihr soziales Umfeld?
- Gibt es Informationen zur Vorgeschichte der Figur?

2. Wesentliche Charaktereigenschaften

- Zeigt die Figur typische Verhaltensweisen und Gewohnheiten?
- Was sind ihre besonderen Wesensmerkmale und Charakterzüge?
- Welches Bild hat die Figur von sich selbst?
- Welche Werte und Einstellungen prägen ihr Handeln?
- Zeigt die Figur eine Veränderung in ihren äußeren Merkmalen bzw. eine innere Entwicklung?
- Wie nehmen andere Figuren sie wahr?
- Welcher Art sind die Beziehungen zwischen ihr und anderen Figuren?

3. Kommunikationsverhalten

- Wie kann man den Sprachgebrauch der Figur allgemein beschreiben (Sprachebene, Sprachstil)?
- Welche Auffälligkeiten lassen sich auf Satz- oder Wortebene erkennen (Satzbau, Wortwahl, rhetorische Mittel)?
- Welche Aussagen werden durch die nonverbale Kommunikation (Gestik, Mimik, Körperhaltung) transportiert?
- Welche Gesprächsstrategien verfolgt die Figur?

4. Zusammenfassende Bewertung

- Wie lässt sich die Funktion der Figur für das Drama beschreiben?
- Welche Gesamtdeutung der Figur ergibt sich aus den gewonnenen Erkenntnissen?

Die folgenden Kurzcharakterisierungen der wichtigsten Figuren des Dramas bieten die wesentlichen inhaltlichen Anknüpfungspunkte für die Gestaltung einer Charakterisierung. Die Reihenfolge orientiert sich an Schillers Verzeichnis des dramatischen Personals, in dem die Figuren nicht nach der Reihenfolge ihres Auftretens aufgelistet sind, sondern nach ihrem Stand; die Väter stehen dabei jeweils an erster Stelle. Damit wird ein erster Hinweis auf den Standesgegensatz und die Väterproblematik gegeben.

Präsident von Walter

1. Personalien und sozialer Status

Der ungefähr 50-jährige (vgl. S. 29, Z. 23) Adelige von Walter ist alleinstehend (vgl. S. 30, Z. 7f.) und der Vater von Ferdinand. Ob seine Ehefrau gestorben ist oder ob die Ehe geschieden wurde, erfährt man nicht. Er steht an der Spitze der Verwaltung des Fürstentums und ist nach dem Herzog der mächtigste Mann. In diese Position ist er durch ein Attentat gelangt, mit dem er seinen Vorgänger aus dem Weg geräumt hat (vgl. S. 59, Z. 22–28). Mehrmals werden die Orden erwähnt, die er als Zeichen seiner Macht trägt (vgl. S. 21, Z. 2f., Szenenüberschrift).

2. Wesentliche Charaktereigenschaften

2.1 Vertreter des absolutistischen Herrschaftsapparates

Gegenüber den Untertanen des Fürsten ist seine Machtstellung schrankenlos: Anscheinend nach Belieben verfügt er über Leben und Tod (vgl. S. 32, Z. 13f.; S. 55, Z. 19–25). Er ist jederzeit bereit, die vom Herzog verliehene Machtfülle zu eigenen Zwecken zu missbrauchen, zum Beispiel indem er Luises Eltern gefangen nehmen lässt („Die Gerechtigkeit soll meiner Wut ihre Arme borgen.", S. 54, Z. 30).

2.2 Der Präsident als hinterhältiger und skrupelloser Karrierist

Auch das Attentat auf den Vorgänger zeigt, wie wenig sich von Walters Handeln an Normen und Werten orientiert. Die auf verbrecherische Weise erworbene Machtposition versucht er, mit den am Hof üblichen Lügen, Intrigen und Einflussnahmen zu erhalten und auszubauen (vgl. S. 59, Z. 20f.). Daher verwundert es nicht, dass er nicht nachvollziehen kann, welchen hohen Stellenwert ein Eid im Bürgertum hat (vgl. S. 62, Z. 10f.).

Der Präsident ist im dynastischen Denken verwurzelt und möchte seine Machtposition weitervererben. Auch dazu ist ihm jedes Mittel recht: Um Ferdinand besser lenken zu können und dessen Vertrauen zu gewinnen, gibt er sich zum einen als fürsorglicher Vater (vgl. S. 27, Z. 13f.), setzt ihn aber zum anderen auch dadurch unter Druck, dass er ihn in die eigenen Verbrechen einweiht (vgl. S. 28, Z. 6– 11). Er täuscht Ferdinand (vgl. S. 31, Z. 10–35) und zwingt ihn dann, Lady Milford aufzusuchen (vgl. S. 32, Z. 8–17). Die Heirat hat er schon vorher ohne Ferdinands Wissen öffentlich gemacht (vgl. S. 31, Z. 38–S. 32, Z. 5). Dies und die mit Wurm ausgeklügelte Kabale, mit deren Hilfe die Liebenden getrennt werden sollen, zeigen, dass er privat mit den gleichen Mitteln arbeitet wie im Beruf.

2.3 Der Präsident als autoritärer Vater

Der Präsident ist ein Verächter bürgerlicher Konzepte wie der Liebesheirat, Treue und Tugend. Dass sein Sohn ernsthaft in eine Bürgerliche verliebt ist, nimmt er deswegen zunächst nicht ernst (vgl. S. 21, Z. 9–13), sondern hält die Beziehung für eine Affäre. Mit Unverständnis reagiert er auf Wurms Wunsch nach einer jungfräulichen Braut (vgl. S. 22, Z. 32–34). Seinem Sohn gegenüber betont er, dass es eine Ehre sei, sich mit dem Herzog eine Frau zu teilen (vgl. S. 30, Z. 16–18).

2.4 Repräsentant adeliger Sexualmoral

In der letzten Szene des Dramas zeigt der Präsident angesichts seines sterbenden Sohnes und von Wurm unter Druck gesetzt eine späte Reue: Er bittet seinen Sohn um Vergebung und gibt sich dann in die Hände der Gerichtsbarkeit (vgl. S. 127, Z. 22–29). Damit akzeptiert er seine Schuld und erkennt die Gültigkeit von Gesetz und Moral an.

2.5 Späte Einsicht

Von Walters Sprache ist einerseits gehoben und unterstreicht somit seine Zugehörigkeit zur adeligen Oberschicht. Dies zeigt sich sowohl an der Wortwahl („Ein ernsthaftes Attachement!", S. 21, Z. 5) als auch am Satzbau (vgl. S. 22, Z. 1–12). Andererseits formuliert er oft derb und plastisch, gerade wenn es um menschliche Schwächen

3. Kommunikationsverhalten

(vgl. S. 22, Z. 20–23) oder sexuelle Anzüglichkeiten (vgl. S. 23, Z. 1–5) geht. Teilweise will er durch beißenden Spott andere Figuren – wie z. B. Luise – gezielt verletzen (vgl. S. 53, Z. 13–17). Als Machtmensch spricht er oft im Befehlston, um die anderen Figuren zu lenken (vgl. S. 27, Z. 12–14; S. 54, Z. 25–31), und tritt allgemein sehr dominant auf, auch indem er auf die Insignien seiner Macht verweist (vgl. S. 56, Z. 4 f.). Sein Verhalten Wurm und von Kalb gegenüber schwankt zwischen herablassender Freundlichkeit und Spott. Doch diese spöttische Überlegenheit kann sehr leicht gereizt werden. Als Miller ihm die Tür weisen will, wird von Walter *„vor Wut blass"* und gerät *„in Flammen"* (S. 54, Z. 21 bzw. Z. 25, Regieanweisungen). Passend zu seinem Gesinnungswandel verändert sich am Ende sein Auftreten: Er taumelt ins Zimmer (vgl. S. 125, Z. 9) und fragt *„mit verdrehten Augen"* (S. 125, Z. 20, Regieanweisung) vergebens nach Zuspruch. Seinem sterbenden Sohn nähert er sich mit Bitten und Appellen (vgl. S. 127, Z. 17–20, Z. 22–24), was seine Entwicklung unterstreicht.

4. Zusammenfassende Bewertung

Mithilfe der Darstellung des Präsidenten kritisiert Schiller den willkürlichen absolutistischen Herrschaftsapparat. Von Walter ist auf der Handlungsebene ein Gegenspieler des Liebespaares und trägt zusammen mit Wurm die Schuld für dessen tragisches Ende. Er verkörpert die adeligen Wertvorstellungen, denen in diesem Stück die bürgerlichen Tugenden gegenübergestellt werden. Dennoch ergibt sich eine Gemeinsamkeit mit dem Bürgerlichen Miller: Beide Väter sind autoritäre Patriarchen, die sich stark in das Leben ihrer Kinder einmischen.

Ferdinand von Walter

1. Personalien und sozialer Status

Der einzige Sohn des Präsidenten stammt aus einer Familie alten Adels (vgl. S. 40, Z. 34–36). Gefördert durch den Vater, der auf eine steile Karriere des Sohnes am Hofe setzt, hat er mit 20 Jahren bereits den hohen militärischen Rang eines Majors (vgl. S. 29, Z. 2) erhalten. Außerdem hat er ein Universitätsstudium absolviert, das zu einer kritischen Einstellung gegenüber der höfischen Lebenswelt geführt hat (vgl. S. 58, Z. 16–23), und ist an Musik und schöngeistiger Literatur interessiert (vgl. S. 9, Z. 13–15).

Ferdinands Infragestellung der herrschenden politischen und sozialen Ordnung ist typisch für die Zeit des Sturm und Drang. Sicherlich liegen seiner Kritik die politisch-philosophischen Ideen der Aufklärung zugrunde. So existieren für ihn allgemeine, auch für einen Fürsten gültige Normen (vgl. S. 41, Z. 2f.), woraus er seine Verurteilung der Zustände im Herzogtum ableitet (vgl. S. 42, Z. 3f.). Und seine Bereitschaft, sich an den Moralvorstellungen des „schlechtesten Handwerker[s]" (S. 30, Z. 25f.) messen zu lassen, zeigt, dass er sich dem Ideal der Gleichheit aller verpflichtet fühlt. Typisch für den Sturm und Drang ist aber die Intensität und Leidenschaftlichkeit im Aufbegehren Ferdinands, der von Wurm deswegen abschätzig als „Schwärmer" (S. 58, Z. 5) bezeichnet wird. Die Wertvorstellungen seines Vaters lehnt Ferdinand ebenso ab wie dessen Amtsführung und stellt ihnen das Streben nach persönlichem Glück und innerer Zufriedenheit entgegen (vgl. S. 29, Z. 10–20). Der sich im Zusammenhang damit ergebende Vater-Sohn-Konflikt (vgl. S. 28, Z. 25–27) ist ebenfalls ein Merkmal des Sturm und Drang.

Mit seiner Beziehung zur Bürgerlichen Luise verstößt er gegen die Standesschranken und gegen die väterliche Ordnung. Seine stürmische Liebe, Liebesreligion, setzt er absolut (vgl. S. 69, Z. 15–17) und stilisiert sie zur göttlichen Erfahrung (vgl. S. 20, Z. 26–29). Uneingeschränkt ist demzufolge auch sein Besitzanspruch (vgl. S. 19, Z. 18f.), aus dem heraus er Luises Vorbehalte gegen die Beziehung nicht akzeptieren kann. Als er sich von ihr getäuscht glaubt, schlägt dieser Anspruch um in ein starkes Rachebedürfnis: Anstelle

2. Wesentliche Charaktereigenschaften
2.1 Der Idealist

2.2 „Liebesreligion" und Besitzanspruch

Gottes will er selbst über die vermeintliche Untreue richten und das Urteil auch gleich selbst vollstrecken (vgl. S. 85, Z. 6–12). Am Ende des Dramas ordnet er sich aber Luises traditionellen religiösen Vorstellungen unter, indem er seinem Vater sterbend verzeiht (vgl. S. 127, Z. 25, Regieanweisung).

2.3 Hybris, Verblendung und innere Haltlosigkeit

Ferdinands Gemützustände unterliegen äußerst starken Schwankungen. Einerseits ist er ein Enthusiast der Liebe (vgl. S. 51, Z. 37f.). Voller Selbstüberschätzung und Pathos betont er seine innere Freiheit: „Frei wie ein Mann will ich wählen, dass diese Insektenseelen am Riesenwerk meiner Liebe hinaufschwindeln." (S. 51, Z. 12–14) Andererseits zeigt sich, dass dieses Gefühl leicht zu erschüttern ist (vgl. S. 50, Z. 7–11). In der Krise handelt Ferdinand nach adeligen Verhaltensmustern: Als Luise ihren Verzicht erklärt, glaubt er gleich, dass ein Nebenbuhler im Spiel ist (vgl. S. 71, S. 33–35), den vermeintlichen Rivalen fordert er zum Duell (vgl. IV,3). Ferdinand wird zum Opfer seiner Verblendung: Während er glaubt, seine Mitmenschen zu durchschauen, gerät er ins Räderwerk der Intrige (vgl. IV,2).

3. Kommunikationsverhalten

Ferdinands Tatendrang wird mithilfe vieler Regieanweisungen anschaulich gemacht (Beispiele: vgl. S. 18, Z. 1, Szenenüberschrift), ebenso die Wut (vgl. S. 71, Z. 7–10), die ihn schnell packt. Seine Sprache ist stets ausdrucksstark (expressiv) und gefühlsgeladen (vgl. S. 19, Z. 2–4) und steckt häufig voller übertriebenem Pathos (vgl. S. 20, Z. 15–19; vgl. S. 46, Z. 23–25).

Gerade in seinen Monologen (IV,2; IV,4; V,4) wird seine Aufgewühltheit mit sprachlichen Mitteln unterstrichen. Dazu gehören Ellipsen, Satzfetzen und Interjektionen, zahlreiche Ausrufe und Fragen, Parenthesen und Interjektionen („Auf jeden gähen Gipfel der Leidenschaft mich zu begleiten, mir zu begegnen vor jedem schwindelnden Absturz – Gott! Gott! Und alles das nichts als *Grimasse*? – Grimasse? – O wenn die Lüge eine so haltbare Farbe hat, wie ging es zu, dass sich kein Teufel noch in das Himmelreich hineinlog?", S. 81, Z. 6–11). Durch zahlreiche Wiederholungen, Anaphern und Parallelismen wirkt das Gesagte besonders eindringlich (vgl. S. 80, Z. 4–7). Statt Luises Namen findet man in den Monologen gehäuft das Personalpronomen „sie", die „man"-Form und abwertende Bezeichnungen wie „Heuchlerin" (S. 81, Z. 17), „Metz[e]" (S. 81, Z. 20) oder „Natter" (S. 113, Z. 5 f.). Die häufigen Antithesen (vgl. S. 80, Z. 6; vgl. S. 86, Z. 2) verdeutlichen das Schwanken Ferdinands zwischen den Extremen.

Ferdinand ist eine Figur des Sturm und Drang: in seiner Emotionalität und in seinem Aufbegehren gegen die Welt der Väter, in seinem Enthusiasmus und Tatendrang, in der Missachtung von Konventionen und Vorurteilen. Sein Liebesabsolutismus ist in zweierlei Hinsicht problematisch: Er ist erstens so sehr Gefangener seiner Gefühle, dass er sich von den Intriganten des Hofs lenken lässt. Zweitens duldet er keine anderen Verpflichtungen neben der Liebe und gerät so in Konflikt mit seiner großen Liebe Luise.

4. Zusammenfassende Bewertung

Hofmarschall von Kalb

Schon der Name des Hofmarschalls verweist auf seine Einfalt. Von Kalb ist aufwändig, aber geschmacklos gekleidet und zudem stark parfümiert (vgl. S. 25, Z. 1–6, Szenenüberschrift). Er ist adeliger Abstammung, bereits seit mehr als zwei Jahrzehnten am Hof (vgl. S. 65, Z. 13) und hat es bis zum obersten Verwalter des fürstlichen Haushalts und zum Verantwortlichen für das Hofzeremoniell gebracht, obwohl es ihm erkennbar an Bildung fehlt (vgl. S. 67, Z. 21 f.). Seine Stellung und seinen Aufstieg verdankt er dem Präsidenten, in dessen Mordanschlag auch er verstrickt war (vgl. S. 64, Z. 28–31).

1. Personalien und sozialer Status

Für von Kalb zählt nur die äußere Form, sein Leben kreist um den Tagesablauf des Herzogs. Er weiß genau, dass der Fürst „[z]wanzig Minuten und eine halbe" (S. 26, Z. 16) mit ihm gesprochen hat, und dass der Fürst einen „Merde

2. Wesentliche Charaktereigenschaften
2.1 Das höfische Zeremoniell als Lebensinhalt

d'Oye-Biber" trägt (S. 26, Z. 20), ist für ihn eine Neuigkeit erster Güte. Stets geht es ihm darum, seinem Gegenüber seine Bedeutung bei Hofe zu verdeutlichen (vgl. S. 25, Z. 7–13).

2.2 Standes-dünkel trotz geistiger Beschränkung

Obwohl von Kalb mehrfach als einfältige und begriffsstutzige Person vorgeführt wird (vgl. S. 65, Z. 1f.; S. 99, Z. 28f., Regieanweisung), glaubt er doch, den Bürgern überlegen zu sein. Daher weigert er sich anfangs, sich an der Intrige zu beteiligen, weil er seine „Reputation bei Hofe" (S. 67, Z. 9) in Gefahr sieht.

3. Kommunika-tionsverhalten

Sprache und Auftreten unterstreichen die Lächerlichkeit des Hofmarschalls. Im ersten Akt *„fliegt [er] mit großem Gekreisch[e] auf den Präsidenten zu"* (S. 25, Z. 4f., Szenen-überschrift), später trippelt er ins Zimmer Ferdinands (vgl. S. 82, Z. 2, Regieanweisung). Er ist schwatzhaft, seine Reden stecken voller Floskeln und Höflichkeitsbekundungen (vgl. S. 25, Z. 7–13). Oftmals enthalten seine Formulierungen Übertreibungen und Superlative (vgl. S. 65, Z. 6–9). Durch die häufige Verwendung französischer Fremdwörter will er sich den Anstrich von Weltläufigkeit geben (vgl. S. 97, Z. 30; S. 98, Z. 8; S. 99, Z. 4–6).

4. Zusammen-fassende Bewertung

Der furchtsame und unterwürfige (vgl. S. 97, Z. 17–22, Regieanweisung) von Kalb wird von allen Personen, mit denen er auftritt, verachtet, vom Präsidenten und von Wurm auch instrumentalisiert. Als der Geck einmal aus Todesangst ehrlich ist und Ferdinand die Intrige aufdecken will, findet er kein Gehör (vgl. S. 85, Z. 10–17).

Lady Milford

1. Personalien und sozialer Status

Als seine Favoritin ist die Lady die offizielle Geliebte des Herzogs. Aufgrund dieser Stellung führt sie ein luxuriöses Leben (vgl. S. 33, Z. 1–4, Regieanweisungen). Ihre Vorgeschichte ist schillernd: Sie entstammt einem britischen Adelsgeschlecht, das beim König in Ungnade fiel. Als junge Waise floh sie nach Hamburg (vgl. S. 42, Z. 24 – S. 43, Z. 6).

Dort fristete sie verarmt, vereinsamt und zunehmend verzweifelt ihr Dasein, bis sie der Herzog traf und sich in sie verliebte. Sie erwiderte seine Gefühle und folgte ihm in sein Herzogtum (vgl. S. 43, Z. 9–31), wo sie dank ihres Einflusses auf ihn die Lebensbedingungen der Untertanen verbessern konnte (vgl. S. 44, Z. 24–28).

Einerseits ist die Mätresse ehrgeizig und selbstbewusst: Ihr Ziel ist es, die erste Dame am Hofe zu sein (vgl. S. 35, Z. 10–12) und ihre Nebenbuhlerinnen „in den Staub sinken" (S. 44, Z. 23f.) zu sehen. Andererseits verspürt sie im Zentrum der höfischen Pracht eine wachsende innere Leere: „Mein Herz hungert bei all dem Vollauf der Sinne" (S. 34, Z. 29f.). Sie verachtet die höfische Gesellschaft, deren Unterwürfigkeit sie beklagt (vgl. S. 33, Z. 21–S. 34, Z. 8). Die Ehrlosigkeit ihrer Stellung ist der Mätresse bewusst (vgl. S. 35, Z. 4f.). Einen Ausweg sieht sie in einer Heirat mit Ferdinand, den sie nun leidenschaftlich liebt (vgl. S. 36, Z. 10–12). Um dieses Ziel zu erreichen, hat sie selbst die höfischen Intriganten überlistet (vgl. S. 36, Z. 14–23). Diese Willensstärke und Zielstrebigkeit stehen im Widerspruch zu ihrer Aussage „Sklavinnen eines Mannes zu sein, den wir lieben" (S. 35, Z. 21f.) sei für Frauen wichtiger als das Herrschen.

2. Wesentliche Charaktereigenschaften
2.1 Innerliche Zerrissenheit

Im Gespräch mit dem Kammerdiener (vgl. II,2) zeigt sich, dass Lady Milford am Schicksal anderer Menschen – auch niedrigeren Standes – teilnimmt, Unrecht als solches wahrnimmt und zu beseitigen oder zu lindern versucht. Auch bei der Auseinandersetzung mit ihrer Rivalin Luise lässt sie sich trotz ihrer gespielten Überlegenheit von dieser beeindrucken (vgl. IV,7): „O Luise, edle, große, göttliche Seele!" (S. 94, Z. 23)

2.2 Empathiefähigkeit

Anfangs besteht Lady Milford trotz Ferdinands ablehnender Haltung auf einer Heirat, weil sie ansonsten ihrer Ehre verletzt sieht (vgl. S. 47, Z. 10–17). Nach dem Gespräch mit Luise in der siebten Szene des vierten Aktes bringen sie Stolz und Ehrgefühl dahin, Ferdinand freizugeben: „Auch

2.3 Gewandelter Ehrbegriff

ich habe Kraft zu entsagen." (S. 96, Z. 4f.) Darüber hinaus verzichtet sie auf ihre Machtstellung und ihre Privilegien im Herzogtum, um ein tugendhaftes Leben zu führen (vgl. S. 96, Z. 14f.).

3. Kommunika-
tionsverhalten

Ihre Leidenschaft und innere Zerrissenheit werden durch die Regieanweisungen und die sprachlichen Besonderheiten unterstrichen: Unruhe und Nervosität (z. B. S. 33, Z. 8f., Z. 21, Regieanweisungen), Bestürzung und Bewegung (vgl. S. 36, Z. 5; vgl. S. 37, Z. 13f., vgl. S. 92, Z. 8; vgl. S. 93, Z. 20, Regieanweisungen) wechseln mit *„Ernst und Stärke"* (S. 47, Z. 10, Regieanweisung), *„Sanftmut und Hoheit"* (S. 42, Z. 6, Regieanweisung). Die Emotionalität Lady Milfords zeigt sich in vielen Ausrufen, Fragen, Einschüben und bildhafter Sprache. Vielfach sind ihre Äußerungen antithetisch aufgebaut (Beispiel: vgl. S. 34, Z. 13 – 31). Eine Ausnahme stellt der Beginn des Dialogs mit Luise dar, wo sie ihre gespielte Herablassung durch die Verwendung des Personalpronomens in der dritten Person Singular und durch Anreden, die Luises Jugend und Unreife betonen, unterstreicht: „Trete Sie näher, mein Kind." (S. 89, Z. 17)

4. Zusammen-
fassende
Bewertung

Die List Lady Milfords führt zur Hofkabale, die die Beziehung zwischen Ferdinand und Luise bedroht. Daran erkennt man die Bedeutung Lady Milfords für das Drama. Darüber hinaus ist die leidenschaftlich Liebende dessen vielschichtigste Figur. Sie ist die einzige der im Stück Liebenden, die heil und sittlich geläutert dem katastrophalen Ende entkommen kann.

Wurm

1. Personalien
und sozialer
Status

Der Bürgerliche Wurm ist der Privatsekretär des Präsidenten. Damit verfügt er über ein geregeltes Einkommen und über einen Beruf mit Aufstiegschancen (vgl. S. 13, Z. 18 – 21). Bei seinen Mitmenschen stößt er auf Ablehnung. So wird sein Äußeres von Miller als abstoßend und hässlich beschrieben (vgl. S. 15, Z. 16–20). Auch sein Name weckt negative Assoziationen.

Wurms Äußeres passt zu seinem Charakter. Der Sekretär ist ein scharfer und gefühlskalter Analytiker, der vor seinem Herrn den Plan zur Intrige entwickelt, bis dieser schließlich gesteht: „Der Schüler übertrifft seinen Meister" (S. 62, Z. 21 f.). Dabei stützt er sich auf seine Menschenkenntnis: „Ich müsste mich schlecht auf den Barometer der Seele verstehen, oder der Herr Major ist in der Eifersucht schrecklich wie in der Liebe. Machen Sie ihm das Mädchen verdächtig" (S. 60, Z. 9–12). Er durchschaut jedoch nicht nur die Denkweisen und Verhaltensmuster des Adels, sondern auch die des Bürgertums und instrumentalisiert diese, um der Intrige zum Erfolg zu verhelfen (vgl. S. 61, Z. 23–S. 62, Z 3; vgl. S. 62, Z. 12 f.). Indem er Luise erpresst, führt er den widerlichsten Teil der Kabale selbst aus und bringt Luise damit in eine tragische Entscheidungssituation (vgl. III,6).

2. Wesentliche Charaktereigenschaften
2.1 Menschenkenner und Intrigant

Bei seinem Werben um Luise tritt Wurm weitaus verzagter auf. Zuerst sucht er vergebens Unterstützung bei ihrem Vater (vgl. S. 13, Z. 15–S. 14, Z. 17), weil Luise ihn nicht wahrnimmt. Erst nachdem er die Erfolglosigkeit seines Tuns erkannt hat, entwirft er den Plan zur Intrige, um Luise und Ferdinand zu entzweien. Sein Selbstvertrauen ist so gering, dass er glaubt, Luise nur durch Erpressung zur Frau bekommen zu können.

2.2 Wurm als Feigling

Wurms Handeln ist geprägt von Mustern, die er in seinem höfischen Amt erlernt haben dürfte. Dazu passt auch, dass er mit Wissen des Präsidenten Fälschungen von Dokumenten angefertigt hat (vgl. S. 24, Z. 29 f.). Allerdings grenzt er sich auch wiederholt vom Adel ab: Miller gegenüber verweist er auf seine ernsthaften Absichten, die ihn von dem „adeligen Windbeutel" (S. 13, Z. 23) Ferdinand unterschieden. Vor dem Präsidenten betont er, wie wichtig

2.3 Zwischen Bürgertum und Adel

ihm eine jungfräuliche Braut sei. In dieser Hinsicht würde er „gern den Bürgersmann" (S. 23, Z. 6 f.) machen.

**3. Kommunika-
tionsverhalten**

Zu Besuch bei den Millers (vgl. I/2) wirkt Wurm linkisch und unbeholfen. Bei seinen Gesprächen mit dem Präsidenten gibt sich der Sekretär anfangs zwar unterwürfig (vgl. S. 23, Z. 6, Regieanweisung), überzeugt diesen aber mit Beharrlichkeit (vgl. S. 24, Z. 21–24) vom Nutzen einer Zusammenarbeit. Als Wurm zu Beginn des dritten Aktes dem Präsidenten den Plan zur Intrige aufzeigt, tritt er selbstbewusst und fast schon triumphierend auf (vgl. S. 60, Z. 25–30). Deutlich wird, dass er sich dem Präsidenten gegenüber als ebenbürtig betrachtet. Mehrmals verwendet er die Personalpronomen „wir" und „uns" (z. B. S. 62, Z. 12 f.). Diese Tendenz verstärkt sich in der Schlussszene, in der Wurm den Präsidenten als „dumme[n] Bösewicht" (S. 126, Z. 29) bezeichnet, mit dem er „Arm in Arm" (S. 127, Z. 4) zur Hinrichtungsstätte schreiten will.

Bei der Erpressung des Briefes wirkt Wurm diabolisch. Der aufgelösten Luise tritt er mit beziehungsreichen Andeutungen (vgl. z. B. S. 73, Z. 5) und kurzen, keinen Widerspruch duldenden Äußerungen entgegen, die wie Bedrohungen wirken: „Im Spinnhaus" (S. 73, Z. 30), „Ein Kriminalprozess" (S. 74, Z. 31) oder „Gericht um Leben und Tod" (S. 74, Z. 35). Damit zermürbt er sie ebenso wie mit dem am Szenenende dreimal wiederholten Satz: „An den Henker Ihres Vaters." (S. 77, Z. 8, Z. 16, Z. 22)

**4. Zusammen-
fassende
Bewertung**

Nach Äußerem, Namen und Verhalten ist Wurm der Bösewicht des Stücks. Aus unerwiderter Liebe setzt er eine fatal endende Intrige in Gang. Er wird von seinen Mitmenschen abgelehnt und sucht Anerkennung und Einfluss um jeden Preis. Diese findet er im Zweckbündnis mit dem Präsidenten. Da die Grundlage dieses Einflusses seine moralische Gleichgültigkeit ist, verstärkt sich die Ablehnung der Mitmenschen. Die Figur Wurm zeigt, dass es Schiller nicht um eine schablonenhafte Gegenüberstellung zwischen integerem Bürgertum und verkommenem Adel geht. Wurm steht für die Problematik des sozialen Aufsteigers, der in beiden Welten lebt.

Miller

Der Bürgerliche Miller ist verheiratet, Luise ist seine einzige Tochter. Als Familienoberhaupt erwirtschaftet er das nötige Einkommen als Stadtmusikant, der anderen gegen Bezahlung Musikunterricht (vgl. S. 115, Z. 24) erteilt. Seine Angehörigen und er leben in einfachen Verhältnissen, aber nicht in Armut (vgl. S. 10, Z. 22–25), sodass man ihn als Kleinbürger bezeichnen kann.

1. Personalien und sozialer Status

Miller ist im ständischen Denken verwurzelt und hält die Unterschiede zwischen Bürgertum und Adel für unüberbrückbar. Er ist stolz auf seine Bürgerlichkeit und grenzt sich vom Adel und dessen Wertvorstellungen ab (vgl. S. 54, Z. 7–10). Politik und Verwaltung sind für ihn Aufgaben des Adels, in die er sich nicht einmischt, aber im Privaten beziehungsweise in der häuslichen Sphäre beansprucht er Hoheitsgewalt. Dies wird deutlich, als er dem Präsidenten in seinem Haus mutig entgegentritt (vgl. S. 54, Z. 16–20).

2. Wesentliche Charaktereigenschaften
2.1 Bürgerstolz und ständisches Denken

Anders als seine eitle und aufstiegsorientierte Frau zeigt Miller sich bescheiden (vgl. S. 10, Z. 22–25). Als tugendhafter Bürger hält er nichts vom Lesen moderner Romane, da diese ehrbaren Leuten nur den Kopf verdrehen und Begierden in ihnen wecken würden (vgl. S. 9, Z. 18–25). Dies zeigt eine geistige Beschränktheit deutlich, die auch für eine Einordnung ins Kleinbürgertum spricht.

2.2 Bescheidenheit und Beschränktheit

Der Musikus ist der Herr im Haus und das Oberhaupt der bürgerlichen Familie, für deren Ansehen er sich verantwortlich fühlt (vgl. S. 7, Z. 6–10). Seine Frau ist für ihn keine gleichberechtigte Partnerin: Er beleidigt sie oftmals massiv (vgl. S. 10, Z. 14f.) und wendet sogar körperliche Gewalt an (vgl. S. 12, Z. 20). Pflicht der Ehefrau ist für ihn vor allem die Sorge um den Haushalt: „Marsch du in deine

2.3 Miller als Patriarch

Küche" (S. 13, Z. 11). Zu seiner Tochter Luise hat er ein sehr inniges Verhältnis: „Du warst mein Alles." (S. 104, Z. 34) Daher verwundert es nicht, wenn sein Verhalten ihr gegenüber von Fürsorge einerseits und von Dominanz andererseits bestimmt wird. Innerhalb des eigenen Standes lässt er Luise die freie Wahl, wen sie heiratet (vgl. S. 14, Z. 25 f.), aber gegen ihre Beziehung mit Ferdinand sperrt er sich mit aller Kraft (vgl. S. 18, Z. 1–4), weil er sich um ihren Ruf und um sein Ansehen sorgt.

2.4 Vertreter der göttlichen Ordnung

Seine Verantwortlichkeit für Luise begründet Miller religiös: „Ich hab sie von Gott." (S. 113, Z. 21) Daher glaubt er, dem Schöpfer Rechenschaft über ihr Wohlergehen ablegen zu müssen (vgl. S. 105, Z. 36 f.). Dahinter steckt sein Glaube, das Verhältnis zwischen Vater und Kind entspreche dem zwischen dem Schöpfer und seinen Geschöpfen. Er sieht sich also als Vertreter der göttlichen Ordnung auf Erden. Doch nicht nur aus religiösen Gründen bringt er Luise vom Selbstmord ab, sondern auch aus Eigeninteresse (vgl. S. 105, Z. 1–5). Bei einem Selbstmord seiner Tochter würde auch Miller „alles […] verlieren" (S. 104, Z. 36). Denn er baut im Hinblick auf sein fortschreitendes Alter auf die Unterstützung durch sein einziges Kind.

2.5 Millers Bestechlichkeit

Gegen Ende des Stücks zeigt sich, dass Miller den eigenen Prinzipien nicht gerecht wird. Ein großzügiges Geldgeschenk lässt den Musikus unbescheiden werden und vom sozialen Aufstieg der Tochter träumen (vgl. S. 115, Z. 18–S. 116, Z. 11). Er fügt sich Ferdinands Wünschen und lässt sich im entscheidenden Moment wegschicken. Damit verletzt er seine väterliche Fürsorgepflicht.

3. Kommunikationsverhalten

In Abgrenzung zur Sprache des Adels am Hofe legt Miller Wert darauf, „[t]eutsch und verständlich" (S. 54, Z. 15 f.) zu sprechen. Auch vom mächtigen Präsidenten lässt er sich den Mund nicht verbieten: Zwar erweist er diesem durch die Wiederholung der Phrase „Halten zu Gnaden" (S. 54, Z. 2, Z. 10, Z. 16, Z. 20, Z. 24) die Ehre, leistet ihm aber durchaus Widerstand. Sein Sprachstil ist nicht nur offen und direkt, sondern oft auch drastisch und steckt gerade in der ersten Szene voller sexueller Anspielungen (vgl. S. 8, Z. 9–15; S. 9, Z. 5–12). Luise gegenüber ist sein Auftreten weniger polternd, sondern geprägt von väterlicher Besorgnis (vgl. S. 16, Z. 4–6). Beschwörend wird sein Tonfall, wenn er sie zu Beginn des fünften Aktes vom Selbstmord abbringen will. Dazu gehören zahlreiche mahnende Ausrufe (vgl. S. 104, Z. 21–25) und Wiederholungen (vgl. S. 104, Z. 27–29), die seine Rede besonders eindringlich wirken lassen. Mit vielen Fragen versucht er, Luise zum Überdenken ihres Planes zu bringen (vgl. S. 105, Z. 22–34). Gehäuft verwendet er die Personalpronomen „ich" und „du", um die Innigkeit und Ausschließlichkeit ihrer Beziehung zu unterstreichen. Charakteristisch für Miller ist die unverstellte Emotionalität seines Auftretens. Mithilfe der Regieanweisungen zeichnet Schiller das Bild eines Mannes, der seine Gefühle nicht verbirgt (Beispiele: vgl. S. 10, Z. 7; S. 11, Z. 22; S. 13, Z. 7; S. 17, Z. 16f.; S. 106, Z. 16, Z. 18f.).

Millers Mitschuld an der Katastrophe liegt nicht nur darin begründet, dass er sich von Ferdinand wegschicken lässt und damit zu dessen Komplizen wird. Problematisch ist hauptsächlich sein unbeschränkter Besitzanspruch auf die Tochter, die er nicht verlieren möchte und von der er emotional, aber auch wirtschaftlich abhängig ist. Dieser Anspruch führt dazu, dass er von Luise Unterordnung erwartet, auf sie Druck ausübt und sie damit in einen Gewissenskonflikt stürzt. In der letzten Situation, in der es zu einer Aussprache zwischen Luise und Ferdinand hätte kommen können, trägt Miller dazu bei, eine solche zu verhindern. Er glaubt zwar, im Interesse seiner Tochter zu handeln, nimmt ihr aber letztlich die Entscheidungsfreiheit.

4. Zusammenfassende Bewertung

Die Millerin

1. Personalien und sozialer Status

Die Millerin ist Luises Mutter und die Frau von Miller. Man erfährt nichts über ihr Alter und ihr Äußeres. Sie scheint nicht berufstätig zu sein, sondern sich darauf zu beschränken, für ihre Familie den Haushalt zu führen.

2. Wesentliche Charaktereigenschaften

2.1 Aufstiegsstreben und Ängstlichkeit

Anders als ihr Mann unterstützt die Mutter die Beziehung ihrer Tochter zu Ferdinand, weil sie sich davon geehrt fühlt, dass „der liebe Gott meine Tochter barrdu zur gnädigen Madam will haben –" (S. 12, Z. 30 f.). Dazu tritt der Wunsch nach sozialem Aufstieg in Verbindung mit materiellen Vorteilen, die aus dem Liebesverhältnis erwachsen könnten (vgl. S. 10, Z. 11 f.). Dadurch gerät sie in Konflikt mit ihrem Ehegatten, dem sie offen widerspricht (vgl. S. 14, Z. 9–12), ohne sich dabei durchsetzen zu können. Ihre Eitelkeit verleitet sie dazu, Wurm gegenüber Andeutungen zum Verhältnis ihrer Tochter zu Ferdinand zu machen, die dieser an den Präsidenten weitergibt. Als dessen Diener sich vor ihrem Haus postieren, gerät sie in Panik und überlässt Schutz suchend Miller die Initiative (vgl. S. 49, Z. 6–9). Bei der Begegnung mit dem Präsidenten bleibt der einfach gestrickten Millerin nur zu jammern und um Erbarmen zu flehen (vgl. S. 56, Z. 3, Z. 9).

3. Kommunikationsverhalten

Seltener als ihr Mann neigt die Frau zu einer derben Ausdrucksweise (vgl. S. 15, Z. 23 f.). Im Gespräch mit Wurm versucht sie, den Adel mit geschraubten Formulierungen und fehlerhaft verwendeten französischen Wörtern zu imitieren (vgl. S. 11, Z. 19–21; S. 12, Z. 29–31), um vornehm zu wirken. Angesichts der Bedrohung durch den absolutistischen Machtapparat ändert sich ihre Redeweise: Als Reaktion bleiben nur noch Ausrufe und formelhafte Wendungen (vgl. S. 54, Z. 3 f., Z. 11 f.).

4. Zusammenfassende Bewertung

Obwohl die Mutter die Liebe ihrer Tochter begünstigt, scheint sie bei Luise einen geringeren Stellenwert als der Vater einzunehmen. Dies spiegelt sich in der geringen Zahl an Auftritten wider, in den letzten Akten – nach ihrer Verhaftung – tritt sie überhaupt nicht mehr auf. Die Mutter verkörpert die Gefahren, die sich aus dem Wunsch nach sozialem Aufstieg ergeben. Ihr hochmütiges und allzu offenes Auftreten Wurm gegenüber motiviert diesen zur Intrige. Damit trägt sie mit zur Katastrophe bei.

Luise Miller

Die 16-jährige Bürgertochter (vgl. S. 90, Z. 4) lebt noch bei ihren Eltern. Luise ist unverheiratet und ohne Anstellung, erst am Ende bekommt sie von Lady Milford ein Stellenangebot (vgl. S. 90, Z. 14 f.). Von ihrem Vater hat sie eine religiöse Erziehung erhalten (vgl. S. 16, Z. 4–6), ihr Geliebter Ferdinand hat sie an das Lesen von Romanen herangeführt (vgl. S. 9, Z. 13–15). Darüber hinaus verfügt Luise nur über wenig Bildung (vgl. S. 74, Z. 32–34).

1. Personalien und sozialer Status

Luise tritt mit folgender Selbstdiagnose in die Dramenhandlung ein: „[D]er Himmel und Ferdinand reißen an meiner blutenden Seele" (S. 16, Z. 17 f.). Dabei vertritt sie einerseits Ferdinands Ansicht, dass sie Gott durch ihre Liebe Ehre erweisen kann (vgl. S. 16, Z. 19–23). Andererseits verfällt sie schon im ersten Akt in Resignation. Sie äußert den Gedanken, ihrem Ferdinand angesichts der Standesunterschiede zu entsagen, und vertröstet sich mit der Aussicht auf ein gemeinsames Leben im Jenseits (vgl. S. 18, Z. 5–17). Auf Ferdinands Liebesschwüre reagiert Luise, die die zu erwartenden Schwierigkeiten weitaus realistischer einschätzt, zunehmend mit Distanz (vgl. S. 52, Z. 1 f.). Infolgedessen kommt es in der vierten Szene des dritten Aktes zum ersten Zerwürfnis.

2. Wesentliche Charaktereigenschaften
2.1 Zweifel an Ferdinands Liebesreligion

Anders als Ferdinand fühlt Luise sich neben ihrer Liebe an weitere Verpflichtungen gebunden. Dazu zählt ihre Familie, vor allem ihr Vater als Person (vgl. S. 70, Z. 3–6), aber auch die von ihm vertretene traditionell-religiöse Weltordnung. Da der Präsident als Vaterfigur genauso ein Garant

2.2 Pflichtbewusstsein und traditionelle Religiosität

dieser Ordnung ist, stellt eine Beziehung gegen dessen Willen für sie einen „Frevel" und „Kirchenraub" dar (S. 70, Z. 19 bzw. Z. 27). Ein Bündnis, „das die Fugen der Bürgerwelt auseinandertreiben und die allgemeine ewige Ordnung zugrund stürzen würde" (S. 70, Z. 35 – S. 71, Z. 1), kommt für Luise, die sich an Konventionen gebunden fühlt, nicht infrage. Allerdings bleibt Luise in diesem Punkt bis in den fünften Akt hinein innerlich zerrissen. So stellt sie in der ersten Szene des Aktes die Frage: „Ist *lieben* denn Frevel, mein Vater?" (S. 104, Z. 26)

2.3 Problematik von Luises Gebundenheit

Wegen ihrer moralischen Festigkeit und Tugendhaftigkeit sowie einer aus dem Verzicht gezogenen Stärke kann Luise höhergestellten Persönlichkeiten wie Lady Milford Paroli bieten (vgl. S. 92, Z. 3 – 7). Außerdem ist sie zu vernünftig, zu skrupelhaft und zu rücksichtsvoll, um mit Ferdinand zu fliehen, der seine Liebe über alle anderen Bindungen und Werte stellt. Problematisch ist jedoch vor allem, dass ihre Konventionalität so weit geht, dass sie sich an einen erzwungenen Eid gebunden fühlt. Daher kann sie Ferdinand nicht die Kabale aufdecken und kommt auf den Gedanken gemeinsamen Selbstmords (vgl. S. 103, Z. 2 – 6).

3. Kommunikationsverhalten

Luise spricht nicht so hochtrabend wie ihre Mutter, sondern emotional und natürlich wie der Vater. Allerdings fehlt ihren Formulierungen das Derbe und meist auch das Drastische. Ihre Schwärmereien von Ferdinand sind bildreich und künstlerisch überformt, was ein Ergebnis der Lektüre von Liebesromanen sein könnte (vgl. S. 17, Z. 3 – 15, Z. 19 – 33). Abgebrochene und neu begonnene Sätze, Ausrufe und Anreden verdeutlichen ihr Leiden und ihre innere Zerrissenheit (vgl. S. 20, Z. 30 – 33; vgl. S. 21, Z. 1 – 6; vgl. besonders S. 106, Z. 10 – 15). Eine weitere Auffälligkeit ist die wechselnde Form der Anrede des Geliebten, die Nähe („Du bist ja da.", S. 18, Z. 7) oder den Wunsch nach Distanz ausdrückt: „Meine Schuld ist es nicht, Herr von Walter, dass Sie so schlecht unterhalten werden." (S. 118, Z. 15 f.)

Häufig verwendet Luise die Anrede „(mein) Vater" (v.a. in V,1, z.B. S. 104, Z. 26), was einerseits ihre Zuneigung verdeutlicht, andererseits Ausdruck ihres Glaubens an eine durch die Väter repräsentierte göttliche Ordnung ist.

Obwohl Luise durchaus ängstlich sein kann (vgl. S. 49, Z. 4f.), passiv wirkt (vgl. S. 19, Z. 13–16) und häufig von Todesahnungen heimgesucht wird (vgl. S. 50, Z. 1, Z. 6, Z. 30), tritt sie dennoch den Höhergestellten selbstbewusst und entschlossen gegenüber (vgl. S. 53, Z. 4, Z. 19f.). Besonders in der Auseinandersetzung mit Lady Milford beweist sie Gelassenheit und Edelmut (vgl. S. 92, Z. 16, Regieanweisung) sowie Standhaftigkeit (vgl. S. 94, Z. 3, Regieanweisung) und übernimmt die Gesprächsführung, indem sie die Adelige mit einer Kette von scharfen Fragen in Bedrängnis (vgl. S. 92, Z. 16–S. 93, Z. 19) bringt.

Die Bürgerliche Luise zählt wie Ferdinand zu den Protagonisten des Stücks. Ihre Verwurzelung im Kleinbürgertum mit seiner traditionellen Vorstellungswelt gibt ihr Selbstvertrauen in der Auseinandersetzung mit dem Adel. Allerdings schränken diese Normen Luise in ihrer Handlungsfreiheit ein. Anders als Ferdinand kann sie nicht an das Gelingen der Liebe glauben, zudem stört sie dessen Absolutheitsanspruch. Durch ihren Verzicht gewinnt sie Größe. Am Ende wirkt sie, indem sie ihrem Mörder und dessen Vater vergibt, wie eine Märtyrerin und wird damit zum Vorbild für Ferdinand.

4. Zusammenfassende Bewertung

Sophie

Sophie ist Kammerzofe bei Lady Milford. Die junge Frau kümmert sich damit um das Wohlergehen und das Äußere der Mätresse. Aufgrund dieser Nähe hat sich ein Vertrauensverhältnis entwickelt.

1. Personalien und sozialer Status

Mit kurzen Fragen und Ausrufen (vgl. S. 35, Z. 13f., Z. 23f.) bringt Sophie ihre redselige Herrin dazu, sich selbst zu offenbaren und ihren inneren Konflikt zu formulieren.

2. Wesentliche Charaktereigenschaften
Vertraute und Impulsgeberin

Dazu versorgt sie diese mit Ratschlägen (vgl. S. 88, Z. 13–15). Mit klarem Blick durchschaut sie die Schwächen Lady Milfords und hat den Mut, diese zu benennen (vgl. S. 88, Z. 19–24). Dabei kann sie durchaus „boshaft" (S. 88, Z. 19, Regieanweisung) sein. Ansonsten verhält sie sich der Herrin, die von ihr wegen ihrer Schönheit und ihrer Machtstellung auch bewundert wird (vgl. S. 35, Z. 23 f.), gegenüber loyal und respektvoll (vgl. S. 97, Z. 11 f.).

4. Zusammenfassende Bewertung

Anders als der Kammerdiener übt die bürgerliche Sophie keine Kritik an der herrschenden Gesellschaftsordnung. Sie kennt die Machtmechanismen des höfischen Lebens und die Verhaltensmuster des Adels, was man an ihren Ratschlägen sieht. Den Fürsten als Verkörperung der herrschenden Ordnung bewundert sie (vgl. S. 34, Z. 10–12).

Kammerdiener bei Lady Milford

1. Personalien und sozialer Status

Der Kammerdiener steht in Diensten des Fürsten, auf dessen Anordnung er Lady Milford Juwelen übergibt. Einige der erwachsenen Söhne das alten Mannes sind vom Fürsten kurz vorher als Soldaten nach Amerika verkauft worden.

2. Wesentliche Charaktereigenschaften
2.1 Der Diener als Ankläger

Der erzwungene Heerdienst seiner Söhne, die dabei angewendete Gewalt und das Gefühl von Machtlosigkeit (vgl. S. 37, Z. 15–22, Z. 25–35) haben den Kammerdiener verbittert und wütend gemacht. Diese Grundstimmung verleiht ihm den Mut, aus seiner Rolle als Diener zu fallen und Lady Milford den Skandal um den Soldatenhandel zu offenbaren.

2.2 Unbestechlichkeit und Stolz

Als Lady Milford ihm ein Geldschenk geben will, weil er ihr die Wahrheit aufgedeckt hat, lehnt der Kammerdiener „verächtlich" (S. 38, Z. 18, Regieanweisung) ab. Sein Stolz verbietet es ihm, sich von der Adeligen korrumpieren zu lassen. Damit zeigt er Größe und demütigt die Adelige.

Anfangs antwortet der Diener kurz und knapp auf die Fra- 3. Kommunika-
gen Lady Milfords. Mit der Äußerung „Edelsteine wie diese tionsverhalten
da – Ich hab auch ein paar Söhne drunter" (S. 37, Z. 11 f.)
stellt er eine Verbindung zwischen Juwelen, Soldatenhandel und seinem persönlichen Schicksal her. Der syntaktisch
gebrochene Satz zeigt, dass seine Söhne für ihn so wertvoll
wie Edelsteine sind. Bei der Beschreibung des Soldatenhandels verwendet der Kammerdiener lange, meist paratak-
tische Satzkonstruktionen und macht das Geschehen durch
die detailreiche Darstellung zusätzlich anschaulich.

Der Kammerdiener ist eine Nebenfigur aus dem Bürger- 4. Zusammen-
tum. Sein Schicksal rührt sowohl Lady Milford als auch den fassende
Zuschauer. Damit wird klar, dass auf der Bühne auch ein Bewertung
Bürgerlicher über genügend Fallhöhe verfügt. Durch den
Kammerdiener wird scharfe Kritik am absolutistischen System geübt. Zugleich werden Ferdinands Vorwürfe gegenüber Lady Milford in der auf den Auftritt des Kammerdieners folgenden dritten Szene des zweiten Aktes anschau-
licher.

Mit den bei den einzelnen Charakterisierungen getroffenen
Einschränkungen sind die beiden Stände Adel und Bürgertum im Drama durch unterschiedliche Handlungsweisen
und Einstellungen gekennzeichnet. Im folgenden Schau-
bild werden die Unterschiede zwischen den Ständen kurz
zusammengefasst und gegenübergestellt. Zur besseren
Orientierung oder zur Wiederholung wird für jedes Merkmal mindestens eine Beispielfigur und Beispielszene ange-
geben.

Adel und Bürgertum im Drama „Kabale und Liebe"

ADEL		BÜRGERTUM	
Merkmal	**Textbezug**	**Merkmal**	**Textbezug**
Standesdünkel	*Der Präsident gegenüber Luise (I,5)*	Verantwortungsgefühl und Fürsorge	*Miller (I,1)*
Frauen als Sexualobjekte	*Der Präsident über Ferdinands Liebe (I,5), Lady Milford über die Zustände im Herzogtum (II,3)*	Frömmigkeit	*Miller und Luise (I,3 oder V,1)*
Mätressenwesen	*Lady Milford (z. B. II,1)*	Ehrlichkeit und Aufrichtigkeit	*Miller gegenüber Wurm (I,2), Kammerdienerszene (II,2)*
Soldatenhandel	*Kammerdienerszene (II,2)*	Selbstbewusstsein, Mut	*Miller gegenüber dem Präsidenten (II,6)*
Versailles als Vorbild	*Redeweise des Hofmarschalls (z. B. I,6)*	Mann als Familienoberhaupt, fehlende Bildung der Frau	*Millers (I,1)*
Prachtentfaltung am Hofe	*Bericht des Hofmarschalls (III,2)*	Gefährdung der familiären Idylle durch Aufstiegsstreben	*Frau Miller (I,1/2)*
Bedeutung von äußerer Form und Erscheinungsbild	*Figur des Hofmarschalls (z. B. I,6)*	Familie als Wirtschaftsgemeinschaft	*Miller gegenüber Luise (V,1)*
Skrupellosigkeit und Willkür	*Präsident bei Millers (II,6)*	Tugend, Keuschheit	*Wurm (I,5)*
Lüge und Betrug	*Aufstieg des Präsidenten (III,1)*	Pflichtbewusstsein	*Luise (III,4)*
Feigheit	*Hofmarschall von Kalb (IV,3)*		

Der Blick auf den Text: Die Szenenanalyse

Eine Szene analysieren – Tipps und Techniken

Für die Analyse (Beschreibung und Deutung) von Einzelszenen des Dramas stehen grundsätzlich zwei verschiedene Methoden zur Auswahl: die Linearanalyse und die aspektgeleitete Analyse.

In der **Linearanalyse** werden die einzelnen Abschnitte des Aufgabentexts systematisch analysiert, das heißt ihrer Reihenfolge nach. Dies führt in der Regel zu genauen und detaillierten Ergebnissen. Allerdings besteht dabei die Gefahr, dass zu kleinschrittig gearbeitet wird und die übergeordneten Deutungsaspekte aus dem Blick geraten.

In der **aspektgeleiteten Analyse** werden diese Deutungsschwerpunkte von vornherein festgelegt. Daraus ergibt sich in der Regel eine sehr problemorientierte und zielgerichtete Vorgehensweise. Dabei werden jedoch die Deutungsaspekte, die nicht im Fokus des Interesses stehen, vernachlässigt.

Aufbauschema:

1. Einleitung:
- Basissatz: Autor; Titel; Textsorte; Erscheinungsjahr des Werks, aus dem der Text stammt
- Ort, Zeit und Figuren der Szene
- kurze Inhaltsangabe

↓

2. Einordnung der Szene in das Drama:
Was geschieht vorher, was nachher?

Linearanalyse   *aspektgeleitete Analyse*

3. Aufbau der Szene:
- Auflistung der Textabschnitte/ Textgliederung

3. Untersuchungsschwerpunkte:
- Auflistung der ausgewählten Untersuchungsaspekte

↓

4. Beschreibung und Deutung der unter 3. angegebenen Textabschnitte:
- Aussagen zum Inhalt des jeweiligen Abschnitts
- Aussagen zur Deutung, Einbetten in den Zusammenhang des Dramas
- Einbezug der sprachlichen Gestaltung

4. Beschreibung und Deutung der unter 3. angegebenen Aspekte:
- Benennen des jeweiligen Aspekts
- Aussagen zur Deutung, Einbetten in den Zusammenhang des Dramas
- Einbezug der sprachlichen Gestaltung

5. Schluss:
- Zusammenfassung der Ergebnisse
- Einordnung in einen größeren Deutungszusammenhang
- Bewertung

Beispielanalyse: III,4 (Linearanalyse)

Aufgabe: Analysieren Sie die vierte Szene des dritten Aktes nach inhaltlichen und sprachlichen Gesichtspunkten.

Die Szene stammt aus Friedrich Schillers 1784 erschienenem bürgerlichen Trauerspiel „Kabale und Liebe". Darin geht es um die außergewöhnliche Liebe zwischen dem jungen Adeligen Ferdinand und der Bürgerlichen Luise. Ihre Beziehung scheitert zum einen am Widerstand der Väter. Zum anderen gehen die beiden Liebenden sehr unterschiedlich mit der Bedrohung von außen um, entwickeln sich im Handlungsverlauf auseinander und sterben schließlich beide durch Ferdinands Hand. *(Einleitung mit knapper Inhaltsangabe der Szene)*

Innerhalb dieser Entwicklung ist die vierte Szene des dritten Aktes sehr wichtig. Ferdinand ist wild entschlossen, mit seinem Vater zu brechen und mit Luise zu fliehen. Doch Luise will bleiben. Denn sie fürchtet um das Wohlergehen ihres Vaters und glaubt außerdem, dass ihre Liebe im Widerspruch zur herrschenden gesellschaftlichen Ordnung steht. Daher gibt sie Ferdinand frei, der daraufhin vermutet, dass sie einen anderen Liebhaber hat.

Im ersten Akt des Dramas erfährt der Präsident von der unstandesgemäßen Liebe seines Sohnes Ferdinand, die nicht zu seinen Plänen passt, Ferdinand mit der Mätresse des Herzogs, Lady Milford, zu verheiraten. Sein Versuch, diese Heirat zu erzwingen, scheitert ebenso am Widerstand Ferdinands wie das Unterfangen, die Beziehung zu Luise mit Gewalt zu beenden. Daher folgt er zu Beginn des dritten Aktes der Empfehlung seines Untergebenen Wurm, die beiden mithilfe einer Intrige auseinanderzubringen. Die ersten Schritte dazu werden in der zweiten und dritten Szene des dritten Aktes unternommen, bevor Luise in der sechsten *(Einordnung der Szene in das Drama)*

Szene des dritten Aktes schließlich von Wurm gezwungen wird, einen fingierten Liebesbrief zu schreiben.

Aufbau der Szene

Das Personal wechselt nicht während der Szene. Daher bietet es sich an, den Auftritt nach den Phasen der Gesprächsführung zu untergliedern. Im ersten Abschnitt (bis S. 69, Z. 37) dominiert Ferdinand das Gespräch und schildert Luise seine Pläne für ihre gemeinsame Zukunft. Dann geht die Führung zunehmend an Luise über (bis S. 71, Z. 23), die ihren Verzicht begründet. Am Ende übernimmt Ferdinand wieder mit Vorwürfen gegen Luise die Initiative.

Deutung der Textabschnitte: I. Abschnitt

Zu Beginn des ersten Abschnitts ist Ferdinand in geradezu euphorischer Stimmung. Er glaubt, dass gerade der Druck von außen zu einem glücklichen Ausgang für ihre Liebe führen wird. Als „Riesensprung" (S. 69, Z. 13) auf diesem Weg sieht er die Aufdeckung der Verbrechen seines Vaters (vgl. S. 69, Z. 5–11) an, den er „in die Hände des Henkers liefern" (S. 69, Z. 10 f.) möchte. Abgesehen von seiner Liebe zu Luise will er sich also frei machen von allen Bindungen. Diese absolut gesetzte Liebe ist für ihn Religionsersatz: *„Du*, Luise, und *ich* und die *Liebe*! – – Liegt nicht in diesem Zirkel der ganze Himmel?" (S. 69, Z. 15–17) In schwärmerischem Ton versucht er, die Geliebte von einer gemeinsamen Flucht zu überzeugen (vgl. S. 69, Z. 20–37). Dazu richtet er eine Kette von Fragen an Luise, die für ihn nur eine bejahende Antwort zulassen (vgl. z. B. S. 69, Z. 20 f., Z. 34 f.). So beantwortet er die Frage „Wird dieses Aug nicht ebenso schmelzend funkeln, ob es im Rhein oder in der Elbe sich spiegelt oder im Baltischen Meer?" (S. 69, Z. 23–25) selbst mit der Aussage „Mein Vaterland ist, wo mich Luise liebt" (vgl. S. 69, Z. 25). Wortreich entwickelt Ferdinand eine sehr unkonkrete Vorstellung von einem zukünftigen Leben außerhalb der Gesellschaft und ihrer Beschränkungen. Das zeigen Formulierungen wie „in wilden, sandigten Wüsten" (S. 69, Z. 26) oder „der wechselnde Mond predigt uns Buße, und eine andächtige Kirche von

Sternen betet mit uns" (S. 69, Z. 32–34). Diese Zukunft soll voll und ganz von ihrer Liebe bestimmt werden (vgl. S. 69, Z. 34–37). Gerade in diesem letzten Teil des Abschnitts verdeutlichen hyperbolische[1] Formulierungen Ferdinands Hang zur Entgrenzung. Luises Grundstimmung dagegen ist niedergeschlagen, denn sie glaubt „an keine glückliche[n] Tage mehr" (S. 69, Z. 3 f.). Sie unterbricht Ferdinands Monolog kaum, ihre Beiträge sind kurz, der Satzbau ist einfach, bei ihrem zweiten Redebeitrag auch elliptisch: „Brich ab. Nichts mehr." (S. 69, Z. 18) Dies unterstreicht ihren Widerstand gegen Ferdinands Plan und seine Absolutsetzung ihrer Liebe. Ihre Entgegnungen im ersten Textabschnitt sind bloße Abwehrreaktionen.

Mit der Frage „Und hättest du sonst keine Pflicht mehr als deine Liebe?" (S. 70, Z. 1) beginnt der zweite Abschnitt. **II. Abschnitt** Luise setzt sich mit Ferdinands Plan auseinander, indem sie ihre „Pflicht" gegen seine „Liebe" setzt. Selbst Ferdinands hastig geäußerte Bereitschaft, den Vater mit auf die Flucht zu nehmen, kann Luise nicht umstimmen, denn sie fürchtet den „Fluch" (S. 70, Z. 14) von Ferdinands Vater. Daher äußert sie ihren Verzicht mit folgenden Worten: „Wenn nur ein Frevel dich mir erhalten kann, so hab ich doch Stärke, dich zu verlieren." (S. 70, Z. 19 f.) Auch ihre nächste Rede beginnt mit dem Ausruf „*Verlieren!*" (S. 70, Z. 22). Die Tragweite des Begriffes wird ihr also erst allmählich bewusst. In bildreicher Sprache malt sie sich die Wirkungen des Verlustes aus. Trotzdem bleibt sie bei ihrem Entschluss. Denn sie habe Ferdinand als Adeligen nie richtig besitzen können, ihr Anspruch sei „Kirchenraub" (S. 70, Z. 27) gewesen. Luises Wortwahl verdeutlicht ihre Prägung durch traditionelle religiöse, im gewissen Sinn voraufgeklärte Vorstellungen. Dies setzt sich in der folgenden Rede fort: Sie will „einem Vater den entflohenen Sohn wiederschenken"

---

[1] hyperbolisch: übertreibend, übertrieben

(S. 70, Z. 34f.) und spielt damit auf die bekannte biblische Geschichte (Lk 15, 11–32) an. Aber es geht ihr nicht mehr nur um die beiden Väter. Luise möchte keine Beziehung führen, die gegen die aus ihrer Sicht gottgewollte ständische Gesellschaftsordnung gerichtet ist. Also will sie „einem Bündnis entsagen, das [...] die allgemeine ewige Ordnung zugrund stürzen würde" (S. 70, Z. 35–S. 71, Z. 1). Ferdinand dagegen verstummt zunehmend (vgl. S. 70, Z. 21, Z. 29f.). Seine Reaktionen werden umso deutlicher durch seine Mimik und Gestik transportiert. Auffälligstes Beispiel ist die Zerstörung einer Violine im Affekt (vgl. S. 71, Z. 7–10), die das Ende der zwischen den beiden herrschenden Harmonie verdeutlicht. Luise, die aus ihrem Verzicht Stärke gewinnt (vgl. S. 70, Z. 33f.), kommentiert dies mit den Worten: „Ermanne dich. Fassung verlangt diese Stunde – es ist eine *trennende*." (S. 71, Z. 11f.) Mit *„abgewandtem Gesicht"* und *„zitternde[r] Hand"* (S. 71, Z. 22f., Regieanweisungen) sagt sie ihm Lebewohl. Dies verdeutlicht ihren Schmerz und ihre innere Zerrissenheit.

III. Abschnitt Mit dem dritten Abschnitt erreicht der Dialog eine neue Phase. Ferdinand *„springt aus seiner Betäubung auf"*, während Luise *„sich im Hintergrund des Zimmers niedergesetzt"* (S. 71, Z. 24 bzw. Z. 26, Regieanweisungen) hat. Ferdinands Reaktion auf Luises Lebewohl zeigt, dass er ihre Motive und Wertvorstellungen nicht begreift (vgl. S. 71, Z. 24f.). Luise bringt ihre Weigerung daher nochmals auf den Punkt: „Meine Pflicht heißt mich bleiben und dulden." (S. 71, Z. 27f.) Diese Formulierung macht deutlich, wie stark Luise von Werten wie Gehorsam und Unterordnungsbereitschaft geprägt ist. Ferdinand reagiert darauf ohne Verständnis und bezichtigt sie der Lüge. Erstmals in der Dramenhandlung bezeichnet er sie als „Schlange" (S. 71, Z. 29). Nach der Schöpfungsgeschichte der Bibel ist die Schlange das Symbol des Bösen, die Adam und Eva dazu verführte, vom Baum der Erkenntnis zu essen. Auf Ferdinands zunächst unkonkrete Beschuldigung („Dich fesselt was anderes hier.", S. 71, Z. 29) hin distanziert sich Luise von ihm, indem sie die Sie-Form als Anrede wählt (vgl. S. 71, Z. 30 f.). Dadurch sieht Ferdinand seinen Verdacht bestätigt. Gemäß seiner Vorstellungswelt kommt Pflichtbewusstsein nicht als Grund für Luises Schritt infrage („Kalte Pflicht gegen feurige Liebe!", S. 71, Z. 32). Als Adeliger sieht er einen „Liebhaber" (S. 71, Z. 33) als einzigen plausiblen Grund an. Damit beginnt die Selbsttäuschung Ferdinands („Und mich soll das Mädchen blenden!", S. 71, Z. 32 f.), der seinen Verdacht bestätigt sehen will.

Die Szene zeigt, dass sich die Liebe von Luise und Ferdinand schon vor dem Einsetzen der Intrige in einer schweren Krise befindet. Ihre Beziehung ist also nicht nur von außen bedroht. Als sein Fluchtplan scheitert, kann Ferdinand sich nicht in seine Geliebte hineinversetzen und versteht ihre Beweggründe nicht. Unterschiedliche Wertvorstellungen prallen aufeinander, die zu unterschiedlichen Reaktionen auf die äußere Bedrohung führen. Für den Schwärmer Ferdinand liegt die Lösung im Abbruch aller Bindungen, um ihre Liebe ohne Grenzen ausleben zu können. Für die pflichtbewusste Luise liegt die Lösung im Verzicht. Die Szene steht im Zentrum des Dramas und ist die zweite von insgesamt drei Szenen, in denen das Paar ohne Begleitung auftritt. *Schluss*

Für den Handlungsfortgang ist wichtig, dass Ferdinand leicht eifersüchtig zu machen ist, wie von Wurm in der ersten Szene des dritten Aktes vorausgesehen. Noch bevor er den fingierten Liebesbrief erhalten hat, vermutet Ferdinand, dass Luise einen Liebhaber hat. Damit spielt er den Verschwörern in die Hände. In dieser Szene wechseln seine Gefühle rasch von schrankenloser Liebe zu unbegründeter Eifersucht. Diese extremen Stimmungen werden sich im Folgenden verstärken und mit zur Katastrophe führen.

Beispielanalyse: II,6
(aspektgeleitete Analyse)

> *Aufgabe: Analysieren Sie die sechste Szene des zweiten Aktes im Hinblick auf ihren gesellschaftskritischen Gehalt.*

Einleitung mit knapper Inhaltsangabe der Szene

Das 1784 erschienene bürgerliche Trauerspiel „Kabale und Liebe" gilt als das gesellschaftskritischste Werk Friedrich Schillers. Es spielt in der Epoche des Absolutismus und handelt von der unstandesgemäßen Liebe zwischen dem jungen Adeligen Ferdinand und der Bürgerlichen Luise. Ihre Väter, die geprägt sind von den Wertvorstellungen ihres jeweiligen Standes, sind gegen die Liebe. Unter dem Druck von außen zerbricht diese Liebe und nach einer Reihe von Verwicklungen tötet Ferdinand Luise und sich selbst.

Dieser Druck von außen zeigt sich in der sechsten Szene des zweiten Aktes auf massive Art und Weise. Um das unerwünschte Liebesverhältnis seines Sohnes zu beenden, dringt der Präsident mit Gefolge in das Haus von Miller, Luises Vater, ein, wo er Luise gezielt beleidigt. Der darüber erboste Miller leistet trotz seiner Angst Widerstand und will den Präsidenten hinauswerfen. Daraufhin droht dieser voll Zorn, die gesamte Familie aus Rache in Haft zu nehmen. Als Miller ankündigt, sich beim Herzog beschweren zu wollen, steigert sich die Wut des Präsidenten. Ferdinands Versuche, seinen Vater zu beruhigen, scheitern. Am Ende der Szene ist der Konflikt noch ungelöst.

Einordnung der Szene in das Drama

Im ersten Akt des Stücks erfährt der Präsident durch Wurm bereits von der unstandesgemäßen Liebe seines Sohnes, die nicht zu seinem Plan passt, Ferdinand mit der Mätresse des Herzogs zu verheiraten. Er befiehlt Ferdinand daraufhin (I,7), unverzüglich um die Hand Lady Milfords anzuhalten. Außerdem will er seine Macht einsetzen, um die Beziehung zu Luise zu beenden. Dieser Versuch misslingt in der siebten Szene des zweiten Aktes, weil Ferdinand seinem Vater droht, dessen Verbrechen öffentlich zu machen. Nach dem Scheitern des Planes lässt sich der Präsident von Wurm in der ersten Szene des dritten Aktes überzeugen, zu einer List zu greifen. Die im dritten Akt ausgeführte Kabale bringt zwar die Liebenden zu Beginn des vierten Aktes endgültig auseinander, aber durch den Tod des Liebespaares im vorletzten und letzten Auftritt werden auch die Intriganten zu Verlierern.

Die sechste Szene des zweiten Aktes ist ein wichtiges Element der Gesellschaftskritik im Drama „Kabale und Liebe". Schiller greift den zeitgenössischen Absolutismus an. Dazu werden negative Verhaltensweisen und Werte des Adels bloßgestellt und deren negative Folgen für die Bürger aufgezeigt. Dem gegenübergestellt werden positiv bewertete bürgerliche Handlungsmuster und Wertvorstellungen.

Untersuchungs-
aspekte

Zu Beginn der Szene lässt Schiller den Präsidenten nach heutigem Verständnis Hausfriedensbruch begehen, als dieser in Millers Haus eindringt. Schillers Regieanweisung *„mit einem Gefolge von Bedienten"* (S. 52, Z. 1, Szenenüberschrift) verdeutlicht die Gewalttätigkeit seines Vorgehens. Kritisiert wird auch, dass sich der Präsident wie der Herr im Haus benimmt. Er beginnt, die Millers ohne Gruß mit einer Reihe von kurzen und scharfen Fragen systematisch zu verhören (vgl. S. 52, Z. 9 – S. 53, Z. 17) und droht seinem eigenen Sohn spöttisch den Hinauswurf an (vgl. S. 53, Z. 10). Vor allem Luise gegenüber ist sein Auftreten durchgehend beleidigend und menschenverachtend. Um sie zu verletzen, stellt er ihr zynische Fragen („Aber er bezahlte Sie doch jederzeit bar?", S. 53, Z. 11) und verwendet drastisches sexuelles Vokabular (*„Verschluss"*, S. 53, Z. 17).

Kritik am
Präsidenten als
Vertreter der
herrschenden
Ordnung

In ein schlechtes Licht gerückt wird der Präsident auch durch seine grenzenlos wütende und äußerst aggressive Reaktion auf den Widerstand Millers (vgl. ab S. 53, Z. 31). Er will die gesamte Familie inhaftieren lassen (vgl. S. 54, Z. 26 – 30). Dabei macht er ganz unverblümt klar, dass es ihm nicht um die Herstellung von Gerechtigkeit geht, sondern um seine persönliche Rache: „Die Gerechtigkeit soll meiner Wut ihre Arme borgen." (S. 54, Z. 30) Dies entlarvt die schrankenlose Willkür des absolutistischen Herrschaftsapparates. Kunstvoll steigert Schiller die Wut des Präsidenten von der ersten Irritation (vgl. S. 54, Z. 5 f.) bis zum Finale, als der Präsident *„in Flammen"* (S. 54, Z. 25, Regieanweisung) steht und die Millers als „Gesindel" und „Brut" (S. 55, Z. 1, Z. 4) beschimpft, die er „[s]einer brennenden Rache opfern" (S. 55, Z. 4 f.) will. Damit wird die Maßlosigkeit seiner Reaktion unterstrichen. Zahlreiche Ausrufe (vgl. S. 54, Z. 25; S. 55, Z. 2) und Unregelmäßigkeiten beim Satzbau (vgl. S. 54, Z. 28–30) verdeutlichen außerdem die Intensität seines Zorns.

Kritik am absolutistischen Herrschaftssystem

Die Schlussworte des Präsidenten lassen sich auch als Kritik Schillers am absolutistischen Herrschaftssystem insgesamt verstehen. Darin bezeichnet der Präsident Miller als „Dummkopf" (S. 55, Z. 21), weil dieser glaubt, sich beim Herzog über ihn beschweren zu können. Der Zuschauer erkennt, dass die Untertanen keine Möglichkeit haben, sich über Missstände im Land oder die schlechte Behandlung durch Amtsträger des Herzogs zu beschweren. Denn der Weg zum Herzog führt für Miller nur über den Präsidenten (vgl. S. 55, Z. 19–21). Der Herzog ist für seine Untertanen also unerreichbar, durch seine Abwesenheit duldet er die Verbrechen seiner Beauftragten. Wer sich beklagen will, wird eingekerkert. Diesen Sachverhalt unterstreicht der Präsident mit eindrucksvoller paradoxer Bildlichkeit und Personifikationen, um die Aussichtslosigkeit, ja Abwegigkeit einer Beschwerde zu illustrieren: „Beim Herzog, du Dummkopf? – Versuch es, wenn du lebendig tot, eine Turmhöhe tief unter dem Boden im Kerker liegst, wo die Nacht mit der Hölle liebäugelt" (S. 55, Z. 21–24).

Luise reagiert anfangs ruhig und gelassen auf die bohrenden Fragen des Präsidenten. Sie legt Wert darauf, nicht den „Sohn des Präsidenten" (S. 52, Z. 16), sondern Ferdinand zu lieben. Damit zeigt sie, dass es ihr um Liebe, nicht um gesellschaftliche Aufwertung geht. Auf die sexuellen Anspielungen des Präsidenten reagiert sie voll Unschuld (vgl. S. 53, Z. 12), später gibt sie Ferdinand würdevoll frei (vgl. S. 53, Z. 19 f.), am Ende wird sie ohnmächtig, weil sie als „Hure" (vgl. S. 53, Z. 24) bezeichnet wird. Ihre Äußerungen sind von Offenheit und sprachlicher Schlichtheit geprägt („Er schwur mir Liebe.", S. 53, Z. 4; „Herr von Walter, jetzt sind Sie frei.", S. 53, Z. 19 f.).

Positive Darstellung bürgerlicher Werte und Verhaltensweisen am Beispiel Luises …

Die Ohnmacht Luises ruft Miller auf den Plan, der vorher „furchtsam auf der Seite gestanden" (S. 53, Z. 31, Regieanweisung) hatte. Weil er sich verpflichtet fühlt, seine Tochter zu beschützen, droht er dem mächtigen Präsidenten Schläge an (vgl. S. 54, Z. 1). Den Vorwurf des Präsidenten, ein „Kuppler" (S. 54, Z. 6) zu sein, weist er zurück. Dabei legt er Wert auf seinen Namen, sein Handwerk und damit auf seine Individualität („Ich heiße Miller, wenn Sie ein Adagio hören wollen –"; S. 54, Z. 7 f.). Kuppelei sei zwar bei Hofe üblich, aber nicht im Bürgertum (vgl. S. 54, Z. 8–10). Damit grenzt Miller sich als Bürgerlicher vom Adel ab. Auch im Folgenden trennt er scharf zwischen der häuslichen Sphäre, in der er der Herr ist, und der Öffentlichkeit, in der der Präsident das Sagen hat, den er aus dem Haus werfen will (vgl. S. 54, Z. 15–20). Anders als der Präsident muss Miller als Niedriggestellter seine aus Sicht des Zuschauers verständliche Wut unterdrücken (vgl. S. 53, Z. 31 f., Regieanweisung). Da er es dennoch wagt, dem allmächtigen Präsidenten entgegenzutreten, gewinnt er die Sympathien des Publikums. Dabei versucht er, die Balance zwischen Respekt und Kritik zu wahren, indem er jede seiner kritischen Äußerungen mit der beschwichtigenden Formel „Halten zu Gnaden" (z. B. S. 54, Z. 2) begleitet. Trotzdem agiert Miller wie seine Tochter offen und unverstellt. Er selbst bezeichnet seine Sprache als „[te]utsch und verständlich"

… und Millers

(S. 54, Z. 15 f.), was ein Seitenhieb gegen die gekünstelte Sprache am Hofe ist. Einige seiner Äußerungen sind antithetisch aufgebaut und betonen dadurch den Gegensatz zwischen Hof und Bürgertum (vgl. S. 54, Z. 8–10, Z. 16 f.)

Schluss Die Szene zeigt, wie wenig sicher die bürgerliche Familie im eigenen Haus vor dem Zugriff des willkürlichen absolutistischen Herrschaftssystems war. Durch die Gegenüberstellung bürgerlicher und adeliger Verhaltensweisen, Werte und Kommunikationsstrategien übt Schiller in dieser Szene klare Gesellschaftskritik. Die bürgerliche Seite wird dabei eindeutig mit Sympathie begleitet, während das Auftreten des Präsidenten Ablehnung und Abscheu hervorrufen soll. Schiller kritisiert aber nicht nur einzelne Machtträger wie den Präsidenten, sondern das ganze System. Dazu zählt auch der Regent selbst, der zwar nicht auftritt, dem aber vorzuwerfen ist, dass er die Willkür seiner Leute billigt oder zumindest duldet.

Der Blick auf die Prüfung: Themenfelder

Dieses Kapitel dient zur unmittelbaren Vorbereitung auf die Prüfung: Schulaufgabe bzw. Klausur oder schriftliche bzw. mündliche Abiturprüfung. Die wichtigsten Themenfelder werden in einer übersichtlichen grafischen Form dargeboten. Außerdem verweist eine kommentierte Liste mit Internetadressen (S. 118) auf mögliche Quellen für Zusatzinformationen im Netz.

Die schematischen Übersichten können dazu genutzt werden,

- die wesentlichen Deutungsaspekte des Stücks kurz vor der Prüfungssituation im Überblick zu wiederholen,
- die Kerngedanken des Dramas noch einmal selbstständig zu durchdenken und
- mögliche Verständnislücken nachzuarbeiten.

Zum Verständnis der Schemata ist die Kenntnis der vorangegangenen Kapitel unerlässlich. Die folgende Schwerpunktsetzung beruht auf Erfahrungen aus jahrelanger Prüfungspraxis. Die Übersicht IV (Vergleichsmöglichkeiten mit anderen literarischen Werken, S. 117) soll als Anregung dienen, um den eigenen Lektürekanon auf möglicherweise interessante Vergleichspunkte hin abzuklopfen.

Übersicht I: Ablauf und Ergebnis der Kabale

Plan

Wurm entwickelt die Kabale im Dialog mit dem Präsidenten (III,1).
Gemeinsames Ziel: Ferdinand und Luise sollen auseinandergebracht werden (III,1).
Grundannahmen: Ferdinands Eifersucht ist leicht zu erregen, Luise liebt ihren Vater innig und ist eine integre Person (III,1).
Mittel: Luise soll gezwungen werden, einen fingierten Liebesbrief zu schreiben (III,1).

Durchführung

Präsident übt Druck auf den Hofmarschall aus. Dieser wird Adressat des Briefes (III,2).
Luises Eltern werden verhaftet, Wurm plant den fingierten Brief (Bericht, III,3).
Gunstfaktor: Ferdinands Eifersucht wird schon durch Luises Verzicht geweckt (III,4).
Wurm erpresst Luise und diktiert ihr den Liebesbrief. Er nimmt ihr einen Eid ab, darüber zu schweigen (III,6).

Erfolg

Ferdinand fühlt sich in seinem Verdacht bestätigt. Seine Liebe beginnt in Hass umzuschlagen (IV,2), und er bittet seinen Vater um Verzeihung (IV,5).

Misserfolg

Ferdinand beschließt, Luise und sich selbst zu ermorden (IV,4), und führt die Tat am Ende aus.

Übersicht II: „Kabale und Liebe" als Drama des Sturm und Drang

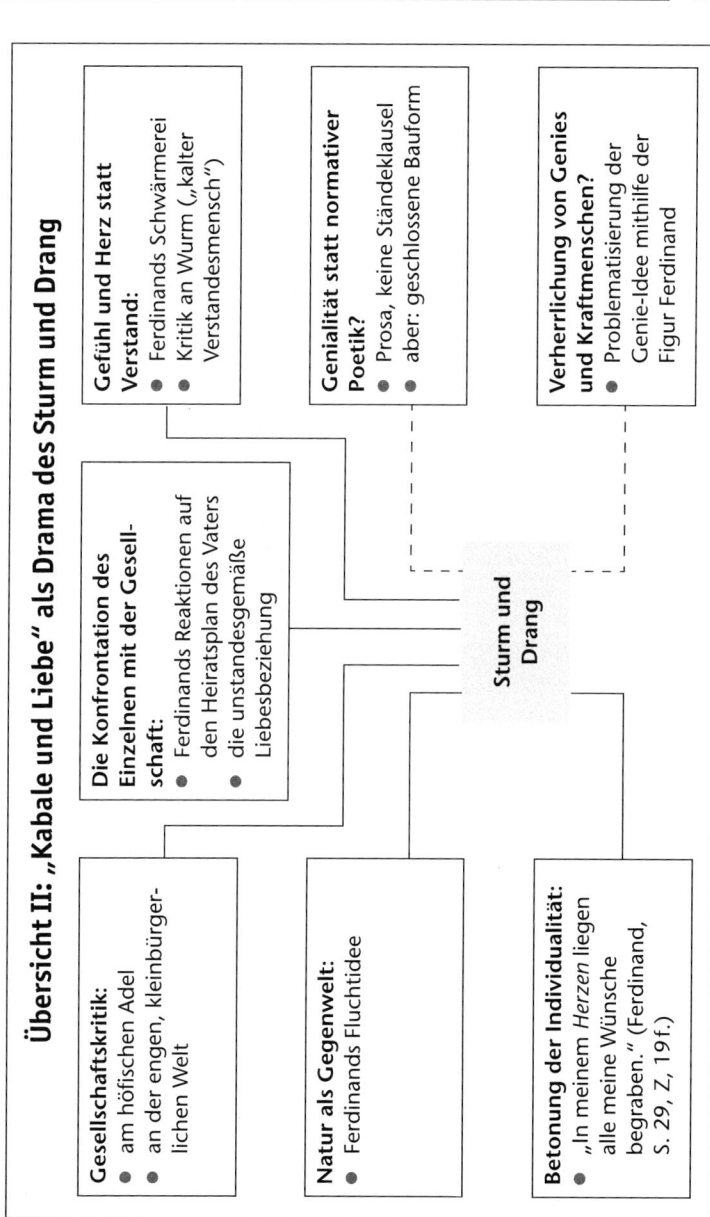

Gesellschaftskritik:
- am höfischen Adel
- an der engen, kleinbürgerlichen Welt

Natur als Gegenwelt:
- Ferdinands Fluchtidee

Betonung der Individualität:
- „In meinem *Herzen* liegen alle meine Wünsche begraben." (Ferdinand, S. 29, Z, 19 f.)

Die Konfrontation des Einzelnen mit der Gesellschaft:
- Ferdinands Reaktionen auf den Heiratsplan des Vaters
- die unstandesgemäße Liebesbeziehung

Sturm und Drang

Gefühl und Herz statt Verstand:
- Ferdinands Schwärmerei
- Kritik an Wurm („kalter Verstandesmensch")

Genialität statt normativer Poetik?
- Prosa, keine Ständeklausel
- aber: geschlossene Bauform

Verherrlichung von Genies und Kraftmenschen?
- Problematisierung der Genie-Idee mithilfe der Figur Ferdinand

Übersicht III: Dramentheoretische Aspekte

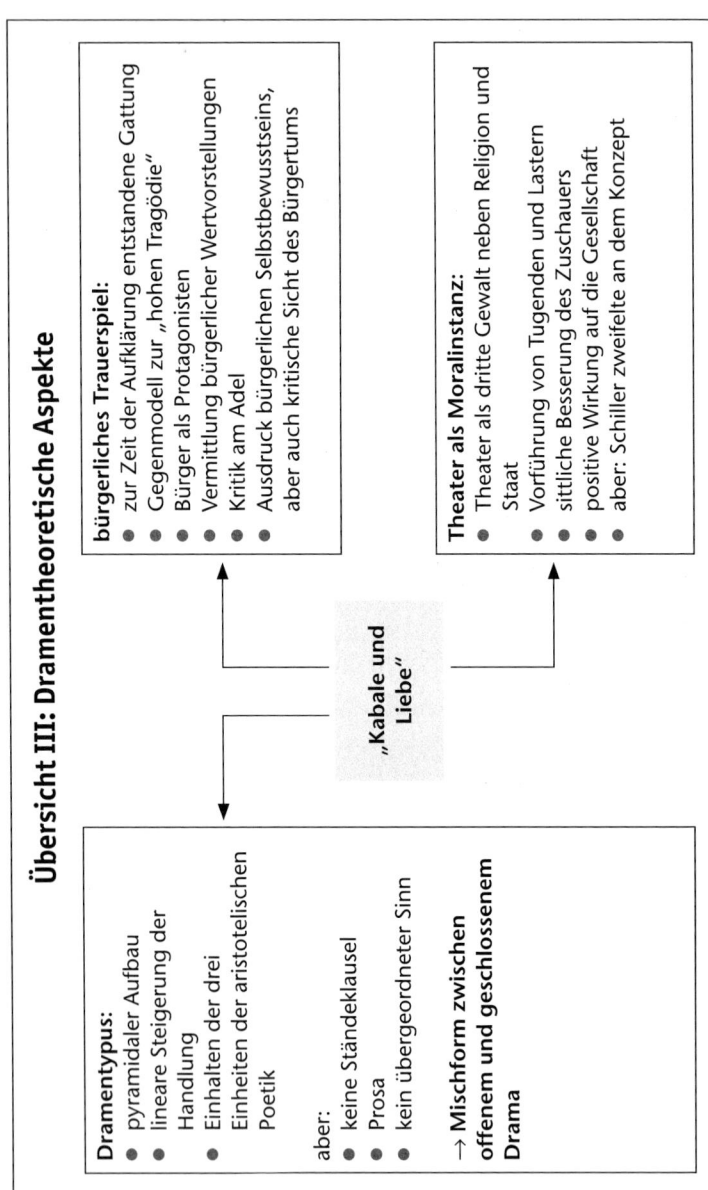

bürgerliches Trauerspiel:
- zur Zeit der Aufklärung entstandene Gattung
- Gegenmodell zur „hohen Tragödie"
- Bürger als Protagonisten
- Vermittlung bürgerlicher Wertvorstellungen
- Kritik am Adel
- Ausdruck bürgerlichen Selbstbewusstseins, aber auch kritische Sicht des Bürgertums

Theater als Moralinstanz:
- Theater als dritte Gewalt neben Religion und Staat
- Vorführung von Tugenden und Lastern
- sittliche Besserung des Zuschauers
- positive Wirkung auf die Gesellschaft
- aber: Schiller zweifelte an dem Konzept

„Kabale und Liebe"

Dramentypus:
- pyramidaler Aufbau
- lineare Steigerung der Handlung
- Einhalten der drei Einheiten der aristotelischen Poetik

aber:
- keine Ständeklausel
- Prosa
- kein übergeordneter Sinn

→ **Mischform zwischen offenem und geschlossenem Drama**

Übersicht IV: Vergleichsmöglichkeiten mit anderen literarischen Werken

Schillers Dramenkonzeption im Vergleich

- mit einem Drama der Aufklärung, z. B. Lessings „Nathan der Weise",
- mit anderen bürgerlichen Trauerspielen, z. B. Lessings „Emilia Galotti" oder Hebbels „Maria Magdalena",
- mit einem klassischen Drama, z. B. Schillers „Maria Stuart",
- mit einem Drama des epischen Theaters, z. B. Brechts „Der gute Mensch von Sezuan"

Schillers „Kabale und Liebe"

Figurenvergleiche, z. B.

- Luise mit Emilia Galotti aus Lessings gleichnamigem Drama, mit Effi Briest aus Fontanes gleichnamigem Roman, mit Gretchen aus Goethes Tragödie „Faust I", mit Nora aus Ibsens Stück „Nora oder ein Puppenheim" oder mit der Marie aus Büchners Drama „Woyzeck",
- Ferdinand mit Karl Moor aus Schillers Drama „Die Räuber", mit Shakespeares Romeo oder Othello oder mit Werther aus Goethes Roman „Die Leiden des jungen Werthers",
- Wurm mit Mephisto aus Goethes Tragödie „Faust I" oder mit Franz Moor aus Schillers Drama „Die Räuber",
- Luises Eltern mit Effi Briests Eltern aus Fontanes gleichnamigem Roman, Lady Milford mit Claire Zachanassian aus Dürrenmatts Stück „Der Besuch der alten Dame"

Motivvergleiche, z. B.

- das Motiv der bedrohten Liebe mit Shakespeares Stück „Romeo und Julia" oder Kellers Werk „Romeo und Julia auf dem Dorfe",
- das Motiv des Vater-Sohn-Konfliktes mit Texten von Franz Kafka, z. B. „Das Urteil", oder mit Hasenclevers Drama „Der Sohn",
- das Motiv der gesellschaftlichen Schranken mit Hauptmanns Drama „Vor Sonnenaufgang" oder dem Drama „Die Ratten" oder Fontanes Werk „Irrungen, Wirrungen",
- das Motiv der Gerechtigkeit mit von Kleists Stück „Michael Kohlhaas",
- das Motiv der Pflicht mit Goethes Schauspiel „Iphigenie auf Tauris"

Internetadressen

Unter diesen Internetadressen kann man sich zusätzlich informieren:

www.xlibris.de/Autoren/Schiller
(Informationen zur Biografie Schillers und zum Drama „Kabale und Liebe" sowie weiteren Werken)

www.schillersgeburtshaus.de
(Ausstellung in Schillers Geburtshaus in Marbach am Neckar)

www.klassik-stiftung.de
(Homepage der Weimarer Klassikstiftung, Links zum Museum in Schillers Weimarer Wohnhaus und zum Schiller-Museum in Bauerbach)

www.dla-marbach.de/startseite/index.html
(Homepage des Deutschen Literaturarchivs in Marbach mit Link zur Deutschen Schillergesellschaft)

www.uni-due.de/einladung/Vorlesungen/literaturge/sturmdrang.htm
(Informationen zum Thema „Sturm und Drang" auf der Homepage der Universität Duisburg)

www.literaturwelt.com/autoren/schiller.html
(Literaturportal mit Informationen zu Autor und Epoche)

www.kabale-und-liebe-derfilm.de/home.html
(Homepage zur Filmfassung Leander Haußmanns)

http://librivox.org/kabale-und-liebe-ein-burgerliches-trauerspiel-by-friedrich-schiller
(kostenlose Text- und Hörfassung)

http://geschichtsverein-koengen.de/Gesch1750-1806.
htm
(Informationen zur württembergischen Geschichte des Ge-
schichts- und Kulturvereins Köngen)

www.teachsam.de/geschichte/ges_deu_1648-1790/wu
ert_carl_eugen/ges_wuertt_carl_eugen_0.htm
(Materialien zum Absolutismus unter Carl Eugen)

www.zeit.de/2003/35/KA-Sbib-35
(Rezension des Stücks „Kabale und Liebe)

www.hss.de/uploads/tx_ddceventsbrowser/AMZ-67_
Schiller_01.pdf
(Argumente und Materialien zur politischen Dimension
von Schillers Werken von der Hanns-Seidel-Stiftung)

www.zum.de/Faecher/D/BW/gym/dialoge
(Dialoganalysen ausgewählter Szenen)

[Stand: 31.07.2014]

Literatur

Textausgabe:

Friedrich Schiller: Kabale und Liebe, hrsg. von Johannes Diekhans, bearbeitet und mit Anmerkungen versehen von Helge Wilhelm Seemann, Schöningh Verlag, Paderborn [18]2012

Alt, Peter-Andre: Friedrich Schiller, München [2]2009

Binder, Wolfgang: Schiller. Kabale und Liebe. In: Das deutsche Drama vom Barock bis zur Gegenwart, hrsg. von Benno von Wiese, Bd. 1, Düsseldorf 1958, S. 248–268

Damm, Sigrid: Das Leben des Friedrich Schiller: Eine Wanderung, Berlin 2009

Fischer, Bernd: Kabale und Liebe: Skepsis und Melodrama in Schillers bürgerlichem Trauerspiel, Frankfurt a. M. 1987

Funke, Fritz: Die Liebe als dramaturgisches Motiv in Schillers Dramen, Leipzig 2007

Guthke, Karl S.: Kabale und Liebe. In: Interpretationen. Schillers Dramen, hrsg. von Walter Hinderer, Stuttgart 1992, S. 105–158

Haller-Nevermann, Marie und Müller-Seidel, Walter: Friedrich Schiller. Ich kann nicht Fürstendiener sein: Eine Biografie, Berlin 2004

Janz, Rolf Peter: Schillers ‚Kabale und Liebe‘ als bürgerliches Trauerspiel. In: Jahrbuch der Deutschen Schiller-Gesellschaft 20 (1976)

Karthaus, Ulrich: Sturm und Drang. Epoche – Werke – Wirkung, München 2007

Koopmann, Helmut: Kabale und Liebe als Drama der Aufklärung. In: Verlorene Klassik, hrsg. von Wolfgang Wittkowski, Tübingen 1986, S. 286–303

Luserke-Jaqui, Matthias (Hg.): Schiller-Handbuch. Leben – Werk – Wirkung, Stuttgart 2005

Safranski, Rüdiger: Schiller oder Die Erfindung des Deutschen Idealismus, Bonn 2004

Schafarschik, Walter: Friedrich Schiller, Kabale und Liebe, Erläuterungen und Dokumente, Stuttgart 2001

Zimmer, Thorsten: Friedrich Schiller. Kabale und Liebe, Freising 2010